Jochen Hinkel

Mehr Umsatz pro Quadratmeter!

Jochen Hinkel

Mehr Umsatz pro Quadratmeter!

In 5 Schritten zum Erfolg im Fashion Retail

Deutscher Fachverlag

Bibliografische Information der Deutschen Nationalbibliothek
Die Deutsche Nationalbibliothek verzeichnet diese Publikation
in der Deutschen Nationalbibliografie; detaillierte bibliografische
Daten sind im Internet über http://dnb.d-nb.de abrufbar.

Bildquelle für die im Buch verwendeten Icons: Shutterstock
ISBN 978-3-86641-277-4
© 2013 by Deutscher Fachverlag GmbH, Frankfurt am Main.
Alle Rechte vorbehalten.
Nachdruck, auch auszugsweise, nur mit Genehmigung des Verlags.
Redaktionelle Mitarbeit: text-ur text- und relations agentur Dr. Gierke, Köln,
www.text-ur.de
Umschlag: Ingo Götze, Frankfurt am Main
Coverfoto: interstore design, Zürich/Schweiz
Satz: Fotosatz L. Huhn, Linsengericht
Druck und Bindung: Stürtz GmbH, Würzburg

Inhaltsverzeichnis

Vorwort von Andreas Buhr 9

Einführung: Es geht um mehr Umsatz pro Quadratmeter 13
    Mit Management, Führung und Verkaufs-Know-how kontinuierlich
    Qualität verbessern 13
    Der Aufbau des Buches: in fünf Schritten zur Umsetzung 14
    Mit dem Leser auf Du und Du 15

Schritt 1
**Paradigmenwechsel im filialisierten Fashion Retail –
mehr Qualität statt Quantität** 16

Erfolgsbaustein 1
Analysieren Sie die Ist-Situation im Fashion Retail 17
    Ein Fallbeispiel: Weg von der Flächenexpansion – hin zur Einzigartigkeit .. 18
    Mehr Qualität als Quantität 19
    Der falsche Weg: der Trend zur Flächenexpansion 22
    Der andere Weg: Flächenproduktivität erhöhen 28

Schritt 2
**Management – mit strategischem Managementansatz
zur professionellen Filialsteuerung** 34

Erfolgsbaustein 2
**Analysieren Sie Ihre individuelle Filialrealität –
auf der Suche nach dem entscheidenden Engpassfaktor** 35
    Ein Fallbeispiel: Ohne Ihren persönlichen Filialbesuch geht es nicht 36

Inhaltsverzeichnis

Arbeitsinstrument 1 für Führungskräfte: Professionalisieren
Sie Ihre Filialbesuche 37
Arbeitsinstrument 2 für Führungskräfte: Führen Sie eine
Situationsanalyse durch 48
Arbeitsinstrument 3 für Führungskräfte: Setzen Sie mit der SWOT-Analyse
strategische Impulse 52
Arbeitsinstrument 4 für Führungskräfte: Nutzen Sie das Königs-Instrument
„Engpassanalyse" 56

Erfolgsbaustein 3
Bauen Sie strategische Wettbewerbsvorteile auf 63
Fallbeispiele: Überzeugen Sie sich von der Notwendigkeit einer
klaren strategischen Ausrichtung 64
In drei Schritten zur zukunftsfähigen Strategie 65
Das Highlander-Konzept: „Es kann nur einen geben!" –
Stimmigkeit, Differenzierung und Einzigartigkeit 74

Schritt 3
**Führung – als Führungskraft erfolgreich mit sich selbst
und den Mitarbeitern umgehen** 94

Erfolgsbaustein 4
„Erkennen Sie sich selbst und bleiben Sie, wer Sie sind!" 95
Ein Fallbeispiel: Wer Menschen führen will, muss sich selbst kennen 96
Beispiel: So erweitern Sie Ihre Selbst- und Menschenkenntnis
mithilfe einer Persönlichkeitstypologie 98
Nehmen Sie eine erste Selbsteinschätzung vor 104
Bleiben Sie, wer Sie sind – aber nicht immer und überall 106

Erfolgsbaustein 5
**Führen und motivieren Sie Ihre Mitarbeiter individuell
und mit Wertschätzung** 110
Fallbeispiele: Wer Menschen führen und motivieren will, muss sprechen .. 111
Zehn Prinzipien für eine wertschätzende und motivierende
Mitarbeiterführung 113

Schritt 4
Verkauf und Beratung im Ladengeschäft:
Das Verkaufsteam als Gastgeber des Kunden 128

Erfolgsbaustein 6
So bauen Ihre Verkäufer und Sie einen emotionalen
Zugang zum Kunden auf 129
    Fallbeispiel: Der emotionale Mehrwert in der Wohlfühlfiliale 130
    Kreative Wege, wie Sie den emotionalen Mehrwert erhöhen 132

Erfolgsbaustein 7
So führen Ihre Mitarbeiter kundentypgerechte
Beratungs- und Verkaufsgespräche, die zum Abschluss führen 140
    Fallbeispiel: „Klappe halten und zuhören!" 141
    Aktiver Verkauf: der Verkäufer als Gastgeber 141
    In jeder Phase des Kundengesprächs konsequent auf Abschluss zusteuern . 143
    Phase 1 – die Begrüßung: Der erste Eindruck ist (mit)entscheidend 145
    Phase 2 – die Ansprache: Den kundentypgerechten
    Gesprächseinstieg wählen 148
    Phase 3 – die Bedarfsermittlung: zuhören, zuhören und zuhören 152
    Phase 4 – die Warenvorlage: Stets mehrere Alternativen bieten 157
    Phase 5 – die Anprobe: Vertrauen aufbauen und rechtfertigen 161
    Phase 6 – Zusatzverkauf: Nicht um jeden Preis anstreben 165
    Phase 7 – der Gang zur Kasse: Der letzte Eindruck ist auch
    (mit)entscheidend 167
    Phase 8 – Verabschiedung und Einladung: „Bis zum nächsten Mal!" 169
    Vom Umgang mit schwierigen Kunden 170

Schritt 5
Ab in die Umsetzung! 174

Erfolgsbaustein 8
Erarbeitung eines Umsetzungsplans 175

Der Autor 181
Literaturverzeichnis 183
Stichwortverzeichnis 186

Vorwort
von Andreas Buhr

Liebe Leserin, lieber Leser,

SIE wissen, wer Ihr Gehalt bezahlt?!
Nein, es ist nicht Ihre Firma.
Es ist nicht der Eigentümer oder die Aktiengesellschaft.
Es ist nicht die freundliche Dame aus der Buchhaltung.
Es ist alleine: Ihr Kunde.
So einfach ist das!

So einfach ist das?

Es sind die Menschen, die Tag für Tag in die Geschäfte gehen. In Ihre Shops, in Ihre Niederlassungen, in Ihre Filialen kommen – und sie im Bestfall mit vollen Tüten und Taschen wieder verlassen. Die womöglich noch mit Ihrem Werbeslogan auf der Tasche durch die halbe Stadt Werbung für Sie laufen. Im Bestfall.

Im Normalfall aber werden das immer weniger. Und im schlimmsten Fall verlieren Sie diese gerade in jüngster Zeit zuhauf an Internet-Shops, Online-Tauschbörsen für Luxus-Modeartikel, Modeclubs im Internet auf Abobasis, Spezialversender, boomende Teleshopping-Sender … und gelegentlich an eines der Mega-Outlet-Center, in denen ganze Familien ihre Jahresumsätze an Kleidung anschaffen.

Mangelnde Flächenproduktivität führt zur Konzentration

Im Jahr 2010 lag die Flächenproduktivität im Textileinzelhandel bei rund 3.270 Euro pro Quadratmeter, haben handelsdaten.de und Statista herausgefunden. Und es wäre angesichts der oben genannten Phänomene nicht verwunderlich, wenn die Flächenproduktivität Ihrer Shops und Boutiquen, Ihrer Filialen und Filialketten, lieber Leser, liebe Leserin, in den letzten Jahren gesunken ist. Auch, weil allgemein gesprochen die Flächen immer weiter wachsen, während die Konsumentenbudgets für Kleidung seit Jahren sinken. Und natürlich auch, weil sich eine deutliche Polarisierung des Marktes in teure High-Fashion und sehr preisgünstige Kleidung abzeichnet, so dass Discounter und Vertikale – viele davon extrem erfolgreich aus dem europäischen Ausland auf den deutschen Markt gekommen – zulasten des Fachhandels gewinnen.

Kein Wunder, dass die Einkaufsmeilen und -passagen sich in so mancher großen Innenstadt verblüffend ähneln. Starke Filialisten sowie Label-Stores übernehmen Magnetfunktion, schreibt die Deutsche/Hypo in ihrer Studie über den Einzelhandel, viele der alteingesessenen Bekleidungshäuser können sich in den Innenstadtlagen nicht mehr halten. Das sehen wir auch, Sie und ich, beim Stadtbummel. In einer umfassenden Studie von 2010 stellt die KPMG fest, dass die 20 umsatzstärksten Textilhändler zusammen einen Marktanteil von 51 Prozent erreichen, und dass in den zehn Jahren davor die Zahl der selbstständig geführten Bekleidungsunternehmen bereits um ein Drittel abgenommen hat.

Wenn es um die Flächenproduktivität in Ihren Filialen also nicht mehr so gut steht, gibt es dafür viele externe Begründungen – aber meist auch einige interne Gründe, die mit fehlerhafter Strategie, mit verbesserungswürdiger Mitarbeiterführung und mit schlechter Vorbereitung auf den Kunden 3.0 zusammenhängen!

Der Kunde 3.0 führt zur Fokussierung

Die Trends sprechen für die modernen Filialketten wie Esprit, Zara und H&M: Den vertikal aufgestellten Unternehmen wird in den nächsten Jahren weiter eine positive Entwicklung vorausgesagt. Und gerade auch diese haben es massiv mit dem modernen Kunden 3.0 zu tun: mit dem aufgeklärten, kritischen Kunden, der via Smartphone sofort überall die Preise vergleicht, der auf Facebook nachschaut, wo es gerade eine Rabattaktion oder ein besonders angesagtes Designerteil gibt, der auf GroupOn nach einem Gutschein fahndet, der sich in Modeblogs abgefahrene Stylingideen holt – und sogar vor Ort im Laden noch schnell auf seinem Handy checkt, ob es die Jeans nicht online noch etwas günstiger gibt. Anprobieren kann er sie ja schon mal bei Ihnen …

Führen Sie Ihr Team zu Spitzenleistungen

Dem Wettbewerbs- und Preisdruck durch diesen Kunden 3.0 können nur Filialen und Bekleidungshäuser widerstehen, die auf Qualität statt auf Quantität setzen. Auf die Qualität des Einkaufserlebnisses, auf die positive Emotionalität des Shoppens in ihren vier Wänden, auf die Kompetenz des Umgangs mit dem Kunden 3.0. Zu den Verlierern werden diejenigen zählen, die weiter nur auf Quantität setzen und die nicht wirklich erkennen, wie wertvoll die Menschen in ihrem Business sind. Die Menschen, die dort einkaufen – und mindestens genauso sehr, die Menschen, die dort arbeiten!

Mode ist in erster Linie ein emotionales Geschäft. Das zieht sich durch von der Shopgestaltung über die positive Mitarbeiterführung bis hin zur persönlichen Ansprache des einzelnen Verkäufers zum Kunden. Ist die Stimmung gut, sind die Umsätze gut. Das heißt: Menschen, Kunden direkt abholen. Lächelnd begrüßen. Ihnen das Gefühl geben, willkommen zu sein. Gastgeber sein auf einer Feier mit geladenen Gästen. Und dabei immer an die Zusatzverkäufe denken.

Zu den Gewinnern also zählen die Regionalleiter und Führungskräfte im Fashion Retail, die ein paar Dinge wirklich hinterfragt und verstanden haben:

➤ Welche ist die richtige Strategie, um mein Filialnetz, meine Bekleidungshäuser zu führen? Wie tue ich die richtigen und wichtigen Dinge richtig?

➤ Welche Management-Systeme helfen mir dabei? Was ist effizient und effektiv zu tun?

➤ Wie vermitteln wir ein wirklich emotionales Einkaufserlebnis? Wie halten wir die Stimmung richtig hoch? Wie trainieren wir die richtigen Gesprächsmuster dafür?

➤ Wie schaffen wir es, alle Kunden wirklich in ein befriedigendes Verkaufsgespräch zu ziehen? Denn Sie wissen, dass sich damit die Transaktionsquote um 50 Prozent erhöht.

➤ Wie schaffen wir es, charmant und regelmäßig Zusatzverkäufe zu erzielen und damit den Wert der Durchschnittsbons zu erhöhen?

➤ Wie müssen die Mitarbeiter ausgebildet sein und wie gut müssen sie sich an ihrem Arbeitsplatz fühlen, dass sie diese Kompetenz mit Charme beim Kunden verbinden? Denn Ihre Mitarbeiter, von der Reinigungskraft bis zum Topverkäufer, sind

ALLE Botschafter Ihres Unternehmens und seiner Werte! Glauben Sie mir, dass Kunden ein sehr feines Gespür dafür haben, wie die Atmosphäre in einer Filiale ist, ob alles stimmt!

➤ Wie erreiche ich diese Motivation bei den Mitarbeitern – und bei unseren anderen Führungskräften?

Vertrieb geht heute anders: nämlich so!

Jochen Hinkel widmet sich in diesem großartigen Buch all diesen wirklich erfolgsentscheidenden Fragen für Führungskräfte im Textileinzelhandel. Er packt jeden Punkt an und liefert eine Vielzahl von Fakten, Ideen und Systemen. Und er macht es Ihnen leicht: Rückfragemodule greifen die wichtigsten Leserfragen direkt auf, Checklisten geben Ihnen die Möglichkeit, sofort mit der Umsetzung zu starten. Da kommt der Fachtrainer in ihm durch – der Trainer, den Sie für die Verbesserung Ihres Geschäftes und die Erhöhung der Flächenproduktion buchen können!

Durch seine langjährigen beruflichen Erfahrungen in der Textilindustrie besitzt Jochen Hinkel höchste Glaubwürdigkeit: Er weiß genau, wovon er schreibt. Und er unterstützt als Fachtrainer seit Jahren sehr erfolgreich Textilunternehmen dabei, sich für die Zukunft richtig aufzustellen und mehr Umsatz pro Quadratmeter zu machen. Dieses Handwerk bringt er auch als Partner der go! Akademie für Führung und Vertrieb AG, der ich als CEO vorstehe, in unsere Beratungs- und Trainingsmandate bei großen und kleinen Unternehmen im Fashion Retail ein.

Vertrieb geht heute anders, liebe Leserinnen und Leser: von der Strategie über das Management und die Mitarbeiterführung bis zum Shopmarketing und zu der konkreten Kundenansprache sowie zu Verkauf und Service: Heute ist alles Vertrieb. Und dieses Buch geht mit Ihnen Schritt für Schritt den Weg zum Erfolg. Lassen Sie sich das nicht entgehen!

Ihr Andreas Buhr, CSP

Experte für Führung im Vertrieb
Unternehmer, Autor, Speaker, Dozent
a.buhr@go-akademie.de

Einführung:
Es geht um mehr Umsatz pro Quadratmeter

Wenn ich in meinen Seminaren und Trainings nach meinen beruflichen Schwerpunkten gefragt werde, antworte ich gerne: „Ich sorge dafür, dass Sie, dass meine Geschäftspartner im Mode-Einzelhandel mehr Umsatz pro Quadratmeter erzielen. Das erreiche ich mit dem Zusammenspiel aufeinander abgestimmter Beratungs- und Trainingsleistung, die sich in vielen Jahren Berufserfahrung erfolgreich in der Praxis bewährt hat." Und damit ist auch die Grundidee dieses Buches beschrieben.

Mit Management, Führung und Verkaufs-Know-how kontinuierlich Qualität verbessern

Fünf Schritte sind aus meiner Sicht notwendig, damit es gelingt, nicht allein durch Quantität, sondern durch Qualität zu wachsen. Ich möchte Sie davon überzeugen und Ihnen darstellen, dass Ihr Erfolg nicht immer nur allein durch Flächenwachstum gesichert werden kann oder muss. Natürlich – dies ist auch ein möglicher Weg, aber nicht der einzige in einem Marktumfeld der sinkenden Flächenproduktivitäten.

Qualität statt Quantität – damit dies keine Floskel bleibt, sollten Sie meiner Erfahrung nach die Aspekte „Management, Führung und Verkauf" in den Vordergrund rücken und in Ihrem Verantwortungsbereich zuallererst strategisch vorgehen. Nach einer konsequenten Markt- und Wettbewerbsanalyse setzen Sie am besten vor allem Differenzierungsstrategien ein, um in der Wahrnehmung der Kunden den Status der Einzigartigkeit aufzubauen. Wichtige Bausteine dabei: Sie kommen Ihren Engpassfaktoren auf die Spur, um sie Schritt für Schritt aus dem Weg zu räumen und Sie bauen strategische Wettbewerbsvorteile auf, die Ihnen einen Vorsprung vor der Konkurrenz sichern.

So weit der **Managementbereich**. Doch die strategische Steuerung des Filialnetzes oder der Filiale allein genügt nicht. Hinzu kommen sollten **Führungskompetenzen**, die sowohl das **Selbstmanagement** als auch die **Mitarbeiterführung** betreffen: Was müssen Sie leisten, damit Sie erfolgreich mit sich selbst umgehen können, um dann auch andere Menschen führen und motivieren zu können? Und dann sollte natürlich die Fähigkeit Ihrer Mitarbeiter hinzukommen, die Menschen, also die **Kunden**, im **Verkaufsgespräch** zu begeistern und zu überzeugen. Dies ist möglich, wenn Ihre Mitarbeiter und Sie sich als Gastgeber der Kunden verstehen, als Gastgeber, die ihren Freunden, Bekannten und Gästen einen Aufenthalt in Ihrer **Wohlfühl-Filiale** bereiten, freilich ohne darüber den **Abschluss** zu vergessen: Es geht um mehr Umsatz pro Quadratmeter!

Dazu ist es notwendig, kundentyporientiert vorzugehen, mithin das Persönlichkeitsprofil des Kunden zu berücksichtigen und ihn an seinen emotionalen Hörnern zu packen, und zwar in jeder Phase des Beratungs- und Verkaufsgesprächs.

Der Aufbau des Buches: in fünf Schritten zur Umsetzung

Damit Sie die Buchinhalte möglichst praxis- und umsetzungsorientiert nutzen können, wird die Grundidee in fünf Schritten und in acht Erfolgsbausteinen entfaltet:

▶ Schritt 1: Der Erfolgsbaustein 1 liefert die **analytische Grundlage**: Eine Betrachtung der Ist-Situation im Fashion Retail lenkt den Blick auf die brachliegenden Potenziale und zeigt, inwiefern der Weg hin zu mehr Qualität der richtige ist.

▶ Schritt 2: Im Mittelpunkt steht Ihr **Filialnetz**. Welche Engpassfaktoren müssen Sie in welcher Reihenfolge und vor allem auf welche Art auflösen, damit Ihr Wachstum nicht durch Stolpersteine behindert wird? Analyseinstrumente wie die Situationsanalyse, die SWOT-Analyse und die Engpassorientierte Analyse bilden den Schwerpunkt des Erfolgsbausteins 2. Im Erfolgsbaustein 3 schließlich helfen sechs Umsetzungsmaßnahmen dabei, sich von der Konkurrenz abzuheben.

▶ Schritt 3: In den Erfolgsbausteinen 4 und 5 stehen **Führungsaspekte** im Fokus. Anhand einer Persönlichkeitstypologie ist es Ihnen als Führungskraft möglich, das eigene Persönlichkeitsprofil und das der Mitarbeiter einzuschätzen, um die entsprechenden Führungs- und Motivationsanreize zu setzen.

▶ Schritt 4: Die Erfolgsbausteine 6 und 7 beleuchten die **Rolle der Verkäufer** als Gastgeber und Berater Ihrer Kunden bis zur Abschlusssicherheit.

▶ Schritt 5: Hier gibt es im Erfolgsbaustein 8 einige Anregungen, wie Sie die Buchinhalte auf Ihre Situation übertragen können.

Ganz gleich, an welcher Stelle Sie in der Hierarchie des Fashion Retail stehen, ganz gleich, ob Sie als Länderleiter, Verkaufsleiter oder Regionalleiter tätig sind und mehrere Filialen betreuen, ganz gleich, ob Sie als Filialleiter oder Abteilungsleiter in einer Filiale Verantwortung tragen: Die **fünf Schritte** und die **acht Erfolgsbausteine** sollen Ihnen helfen, in Ihrem Verantwortungsbereich mehr Umsatz pro Quadratmeter zu erzielen.

Übrigens: Der besseren Lesbarkeit wegen ist in diesem Buch von – zum Beispiel – Länderleitern, Kunden und Lesern die Rede. Aber ebenso sind bei den genannten Anreden selbstverständlich auch Länderleiterinnen, Kundinnen und Leserinnen gemeint!

Mit dem Leser auf Du und Du

Ich möchte mich an dieser Stelle bei einigen Menschen bedanken, ohne die dieses Buch nicht hätte entstehen können. Mein Dank gilt insbesondere meinen Kunden und den Seminar- und Trainingsteilnehmern, die es mir ermöglicht haben, im Laufe der Jahre all die Erfahrungen zu sammeln, die in dieses Buch eingeflossen sind.

Und auch bei meinen Motivatoren Andreas Buhr und Wolfgang Müller, Frau Dr. Christiane Gierke und ihrer Agentur text-ur für die redaktionelle Unterstützung sowie Eugen Röthlisberger und Britta und Luisa Hinkel möchte ich mich recht herzlich bedanken.

Großer Dank gebührt vor allem Ihnen, meinen Lesern, auch, weil Sie mich bei der Niederschrift dieses Buches so vehement begleitet und unterstützt haben! Wie ist das möglich? Nun – Sie kommen in diesem Buch vor: Immer wieder schaltet sich in den Erfolgsbausteinen ein fiktiver Leser ein, der Verständnisfragen stellt, Einwände erhebt und Anmerkungen hat.

Vielleicht stellt dieser imaginäre Leser genau die Fragen, die auch Sie stellen würden, wenn wir uns persönlich begegnen würden. Wobei es wünschenswert wäre, geschähe dies tatsächlich: Am Schluss des Buches finden Sie meine Kontaktdaten.

Jetzt viel Spaß beim Lesen und Umsetzen!

Ihr Jochen Hinkel

Schritt 1

Paradigmenwechsel im filialisierten Fashion Retail – mehr Qualität statt Quantität

Roy Robson Haus in Lüneburg, Am Markt 3; Fotografie: Joachim Grothus

Erfolgsbaustein 1

Analysieren Sie die Ist-Situation im Fashion Retail

Warum lesen?

➤ Das Kapitel richtet sich vor allem an Führungskräfte, die für ihr Filialnetz strategische Entscheidungen treffen.

➤ Sie erfahren, dass der Paradigmenwechsel im filialisierten Fashion Retail darin besteht, sich von der einseitigen Fixierung auf die Flächenexpansion zu verabschieden.

➤ Entscheidend ist vielmehr das Verhältnis, in dem Umsatz, Marktpotenzial und Filialanzahl stehen: Der Paradigmenwechsel bewirkt, dass der Schwerpunkt auf einem gesunden Wachstum und der Erhöhung des Marktanteils liegt. Die Flächenproduktivität steigt.

➤ Sie erkennen: Setzen Sie auf Qualität statt auf Quantität.

Schritt 1 – Paradigmenwechsel

Ein Fallbeispiel:

Weg von der Flächenexpansion – hin zur Einzigartigkeit

Starten wir mit einem **Fallbeispiel aus der Praxis**: Wenn mein Seminar „Vertriebssteuerung im filialisierten Fashion Retail" in Darmstadt stattfindet, lohnt es sich, mit den Seminarteilnehmern das Einkaufszentrum Loop5 aufzusuchen. Das EKZ mit seinen 175 Geschäften bietet Einkaufslust und Einkaufsfrust pur – auch im Modebereich. Denn auf den vier Loop5-Ebenen sind natürlich die Großen der Modebranche präsent. Sie versuchen, die Kunden durch eine aufwändige Schaufenstergestaltung zum Betreten des Geschäfts zu animieren.

Bei der Analyse des Loop5-Besuches im Seminarraum stellt sich jedoch oft Ernüchterung ein. Die Hauptgründe: Es gibt einfach zu viel Fläche und zu wenig individuelles Profil. Letzteres drückt sich insbesondere durch die fast stromlinienförmige Gestaltung der Schaufenster aus. Dem Kunden fällt es schwer, die einzelnen Anbieter auseinanderzuhalten, sich vielleicht sogar mit einem Anbieter zu identifizieren und auf den ersten Blick zu erkennen: „Das ist MEIN Laden." Die Schaufenstergestaltung bietet keine Ecken und Kanten, an denen sich der Kunde orientieren und festhalten und „sein" Modegeschäft sofort erkennen kann.

Wenn wir die Situation danach im Seminarraum analysieren, lauten typische Äußerungen der Seminarteilnehmer: „Die Läden sehen fast alle so aus, als ob sie von ein und demselben Visual Merchandising-Team gestaltet worden sind." Oder: „Das Erscheinungsbild der Geschäfte und der Schaufenster wird durch Austauschbarkeit geprägt." Und: „Die Bekleidungsgeschäfte zeigen keine Persönlichkeit, keine Individualität. Vielmehr dominieren Anpassung und Uniformität."

Meine Seminarteilnehmer kommen zu dem Ergebnis: Der zweifelsohne vorhandene Wille zur Individualität schlägt in sein Gegenteil um. In dem Bemühen, sich vom Wettbewerb durch Originalität abzuheben, verfallen zum Beispiel die Schaufenstergestalter allesamt auf dieselben oder ähnliche Ideen – ich nenne es den „American East-Coast-Style". Die Entwicklung hin zu Partner-Stores und Shops trägt ebenfalls zur Verstärkung der Uniformität bei.

Die Seminarteilnehmer halten fest: Der Fashion Retail, ob mit vielen oder wenigen Filialen, muss sein Profil unbedingt schärfen. Statt dem Einerlei des „American East-Coast-Style" zu frönen und voneinander zu kopieren, muss der Fashion Retail einen eigenen Weg finden und strategische Wettbewerbsvorteile aufbauen. Die Modehäuser müssen in den Augen der Kunden wieder in ihrer Einzigartigkeit wahrgenommen werden.

Schritt 1 – Paradigmenwechsel

Stopp, Herr Hinkel, ich habe da mal eine Frage!

Was konkret meinen Sie mit strategischen Wettbewerbsvorteilen?
Gut, dass Sie nachfragen! Denn der Begriff wird uns noch häufiger begegnen. Die klassische Definition besagt, dass ein strategischer Wettbewerbsvorteil drei Merkmale aufweisen muss: Erstens betrifft er ein für den Kunden wichtiges und elementares Leistungsmerkmal, das der Kunde – zweitens – auch wahrnehmen kann. Drittens: Der strategische Wettbewerbsvorteil kann vom Wettbewerb nicht so leicht und rasch kopiert werden.

Gibt es dafür ein Beispiel?
Ja, Abercrombie & Fitch, die US-amerikanische Kultmarke, stellt sich erfolgreich gegen den Trend zur Gleichmacherei. Das Unternehmen kommt zum Beispiel ganz ohne Schaufenster aus. Der Laden sieht eher wie ein Musikclub als wie ein Modehaus aus. Das heißt aber gerade nicht, dass jetzt alle Läden aussehen sollen wie Clubs. Es geht um den Mut zur Einzigartigkeit. Darum setzt die Firma auf das Konzept der Verknappung. Das Angebot wird knapp gehalten, die Wartezeit wird zum Differenzierungsmerkmal gegenüber der Konkurrenz. Der Besuch eines Ladens mit dem Elch-Logo ist gerade für die jungen Kunden etwas ganz Besonderes – auch, weil Schlange stehen angesagt ist.

Aber nochmals zurück zur Schaufenstergestaltung: Wenn A&F auf Schaufenster verzichtet, ist dies ein strategischer Wettbewerbsvorteil, den der Kunde im wahrsten Sinn des Wortes wahrnehmen kann. Ein Modegeschäft in einer exklusiven Einkaufslage ohne Schaufenster! Das erregt natürlich Aufmerksamkeit und macht neugierig. Und dieser Vorteil ist vom Wettbewerb auch nicht so rasch kopierbar. Dies würde ja den kompletten Umbau des Ladens erforderlich machen.

Mehr Qualität als Quantität

Ich halte fest: Gefragt ist der Mut zur kreativen Einzigartigkeit, zur Verwirklichung individueller Ideen. Es muss ein Paradigmenwechsel stattfinden. Die einseitige Fokussierung auf die Flächenexpansion sollte der Vergangenheit angehören. Der individuellen strategischen Ausrichtung gehört die Zukunft.

Dabei sollte die Frage im Mittelpunkt stehen, wie sich „mehr Umsatz pro Quadratmeter" generieren lässt. Die Forderung „mehr Umsatz durch mehr Quadratmeter" muss abgelöst werden durch die Forderung „mehr Umsatz pro Quadratmeter". Mit anderen Worten:

► Die Erhöhung der Servicequalität der Mitarbeiter, die in der Lage sind, für ihre Kunden unvergessliche Einkaufserlebnisse zu kreieren, ist wichtiger als die Frage, wie sich die Fläche vergrößern lässt.

► Konkrete Fragen wie die nach der angemessenen Sortimentsgewichtung und dem innovativen Visual Merchandising müssen eher beantwortet werden wie die nach der Möglichkeit einer bloßen Flächenexpansion.

► Das weitsichtige Denken mit dem Ziel, strategische Wettbewerbsvorteile gegenüber der Konkurrenz aufzubauen, ist weitaus bedeutsamer als die Überlegung der Flächenvergrößerung um ihrer selbst willen.

Auf den Punkt gebracht: **Qualität schlägt Quantität!**

Der notwendige Paradigmenwechsel im Fashion Retail läuft darauf hinaus, sich endlich von dem Gedanken zu verabschieden, die Flächenexpansion allein sei das Allheilmittel, um am Markt zu überleben. Das heißt nicht, dass Wachstum an sich falsch wäre. Es geht um ein gesundes Wachstum, das auch gegen Null tendieren kann. Und zwar dann, wenn sich herausstellt, dass es besser ist, in die vorhandene Fläche zu investieren und mehr Umsatz pro Quadratmeter zu generieren.

Mein Ansatz also lautet: Wenn Sie ein deutschlandweites Filialnetz betreuen, sollten die folgenden Überlegungen in den Vordergrund rücken:

► Wie viel Umsatz kann ich in Deutschland machen?

► Wie viel Umsatz wird in Deutschland mit meiner Zielgruppe und meinem Produkt erzielt (Marktpotenzial)?

► Welchen Marktanteil will und kann ich erreichen?

➤ Wie viele Filialen brauche ich dazu?

➤ Wo sollen sich die Standorte (Stadt und Lage) dieser Filialen befinden?

➤ Kann ich in meinem Filialnetz ein Benchmark-System errichten?

Stopp, Herr Hinkel, ich habe da mal eine Frage!

Was meinen Sie mit Benchmark-System?
Stellen Sie sich vor, Sie leiten ein Netz mit 100 Filialen. In der einen Filiale läuft es so richtig gut – der Umsatz stimmt. In einigen anderen Filialen läuft es nicht optimal. Sie erstellen nun eine Rangliste – mit den Plätzen 1 bis 100 – und prüfen: Was können die Filialen von der besten Filiale lernen? Was funktioniert dort besonders gut? Wie gelingt es, dort einen hohen Marktanteil zu erzielen? Die Filiale, in der es richtig gut läuft, ist Ihre Benchmark-Filiale. Ihr Ziel kann auch sein, dass die nicht so gut platzierten Läden von den, sagen wir, Top Fünf lernen.

Aber kann es nicht sein, dass es in der Benchmark-Filiale optimal läuft, weil dort alles optimal zusammenpasst und die Rahmenbedingungen stimmen? Es gibt keinen Konkurrenten vor Ort, die Lage ist einmalig, eine Top-Führungsriege und eine extrem hochmotivierte Mannschaft arbeiten am gemeinsamen Erfolg. Da wäre es doch unfair, von den anderen Filialen zu verlangen, den Marktanteil der Benchmark-Filiale erreichen zu müssen.
Richtig, das sollte ich ergänzen. Die Rahmenbedingungen müssen normal und einigermaßen vergleichbar sein – das gilt für die Benchmark-Filiale und auch für die Filialen, bei denen der Erfolg zu wünschen übrig lässt.

Gut. Aber ich habe richtig verstanden: „Von den Besten lernen" – das meinen Sie mit Benchmark-System?
Ja. Ein anderer Ansatz ist: Sie analysieren, welcher Engpassfaktor in der Filiale, die auf Platz 50 steht, dazu führt, dass der Umsatz im Vergleich zu Ihrer Benchmark-Filiale so schlecht ausfällt.

Schritt 1 – Paradigmenwechsel

Der falsche Weg: der Trend zur Flächenexpansion

Kommen wir noch einmal zurück auf die Behauptung, im Fashion Retail werde allzu häufig auf das quantitative Wachstum durch die Vergrößerung der Fläche gesetzt. Diese Behauptung lässt sich mit einer Marktanalyse belegen, die Ihnen zugleich Fakten liefert, um strategisch sinnvolle Entscheidungen treffen zu können.

In ihrem Artikel „Shops, Concessions und Stores: Die Flächenexpansion der Fashion Brands" stellt Denitza Weismantel fest: „2010 gab es über 53.000 Markenflächen im Fashion-Bereich. Das bedeutet einen Anstieg von 50 Prozent seit 2005. Die von der Industrie gemanagte Verkaufsfläche ist seit 2005 siebenmal schneller gewachsen als die gesamte Einzelhandelsfläche. Inzwischen verfügen die Fashion-Brands über eine Fläche von mehr als 2,8 Mio. qm. Zum Vergleich: Die Top 15 Multibrand-Retailer zusammen kommen auf nur 2,0 Mio. qm. 2010 bespielten die Markenlieferanten insgesamt rd. 2 % der gesamten Einzelhandelsfläche in Deutschland."

Ein Blick auf die Gesamtentwicklung zeigt jedoch, dass diese Strategie nicht unbedingt von Erfolg gekrönt war und ist. Der Anteil der Ausgaben für Bekleidung der Haushalte in Deutschland fällt seit Jahren. Die Menschen müssen ihr Geld – relativ gesehen – eher für Miete und Gesundheit ausgeben. Und sie greifen lieber für Kurztrips, Abenteuerreisen und Kreuzfahrten tief ins Portemonnaie – finanzieren also lieber ihren Urlaub, anstatt Kleidung zu kaufen. Die Ausgaben für die Freizeitgestaltung und für Unterhaltungselektronik nehmen ebenfalls zu. Der Stellenwert der Mode ist stark gesunken. 1988 wurden noch 8,2 Prozent des privaten Konsums für Bekleidung und Schuhe ausgegeben. Jetzt sind es weniger als 5 Prozent.

Auch das Konsumklima für Modeartikel hat sich in den letzten Jahren kaum zum Vorteil der Fashionbranche verbessert. Die Abbildung 1 zeigt: Nach wie vor ist es nur jeder Fünfte, der „in Sachen Bekleidung gerne Neues" ausprobiert.

Schritt 1 – Paradigmenwechsel

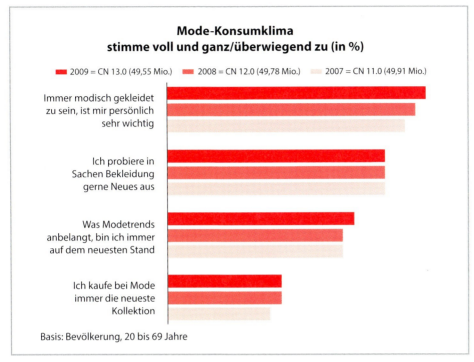

Abbildung 1
Quelle: Marktanalyse „Der Markt der Luxusgüter", S. 18

Ist es also der richtige Weg, dieser Entwicklung durch Flächenexpansion zu begegnen? Lassen sich die Menschen durch noch mehr Fläche dazu bewegen, mehr Geld für Kleidung auszugeben?

Entgegen der allgemeinen Umsatzentwicklung entsteht in Deutschland immer mehr Verkaufsfläche. Dies geschieht vor allem durch den Bau von Shoppingcentern – sowohl innerstädtisch als auch auf der „grünen Wiese". Von 1990 bis 2005 wurden 350 Shoppingcenter mit Flächen über 10.000 Quadratmeter gebaut. Der Boom ist ungebrochen. Die Zeitschrift TextilWirtschaft (Ausgabe 53 vom 31.12.2009) listet für 2010 immerhin 16 Städte, für 2011 sogar 30 Städte auf, in denen Center errichtet werden, deren Verkaufsfläche über 10.000 Quadratmetern liegt.

Die Abbildung 2 belegt diese Entwicklung: Die Wholesale-Modelle dominieren zwar immer noch. Dazu zählen die von Handelspartnern geführten Stores einer Marke (Partner-Stores) und die Shop-in-Shops sowie die Softshops. Aber: Die Unternehmen

Schritt 1 – Paradigmenwechsel

eröffnen zunehmend eigene Stores, die Anzahl der Filialen und damit der Fläche nimmt rasant zu.

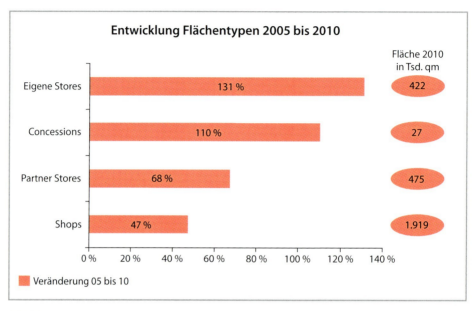

Abbildung 2
Quelle: Denitza Weismantel

Hinzu kommt: Die Gesamtzahl der Partner-Stores, Shop-in-Shops, Softshops, Concessions und der eigenen Stores ist 2010 im Vergleich zum Vorjahr gestiegen. Abbildung 3 veranschaulicht: Es gibt zwar Verschiebungen bei den Anteilen bezüglich der verschiedenen Flächentypen, aber die absolute Anzahl der Geschäfte steigt. Waren es 2009 noch 54.117, hat sich die Zahl der Läden 2010 auf 56.691 erhöht – das entspricht einer Zunahme von 4,75 Prozent.

Schritt 1 – Paradigmenwechsel

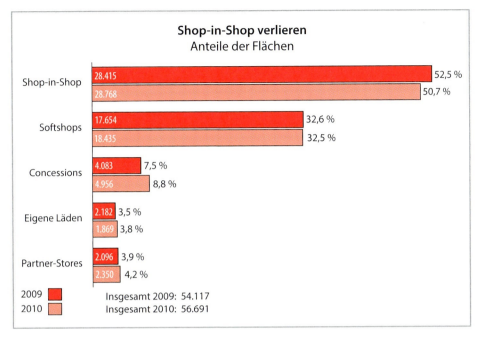

Abbildung 3: Anteile der Flächen 2009/2010 im TEH
Quelle: TextilWirtschaft 17, 29.04.2010

Jedoch: Ist es nicht zielführender, die Kunden durch die entsprechende emotionale Ansprache dahin zu führen, dass der Stellenwert der Kleidung wieder wächst und sich die Menschen bewusst machen, dass „Kleider Leute machen"? Immerhin beweist die Wissenschaft: Kleidung vermittelt Kompetenz und erweckt Vertrauen.

Hinzu kommt: Die meisten Kunden sind heute Cross-Shopper. Sie kaufen durchschnittlich in sechs verschiedenen Geschäftstypen ihre Kleidung ein, wobei sie zwischen dem hochpreisigen Fachgeschäft und dem Discounter wechseln. Die Prada-Tasche paart sich mit dem Zara-Shirt. Und die H&M-Jeans wird mit dem Hermes-Gürtel geadelt.

Das bedeutet: Der Fashion Retail sollte sich darauf konzentrieren, die Kundenbindung zu erhöhen – und nicht auf ungebrochene Flächenexpansion zu setzen.

Schritt 1 – Paradigmenwechsel

Die Verweigerung des Kunden

Fassen wir zusammen: Wohin wir auch schauen – das Flächenangebot nimmt zu. So kommt es zu einem Überangebot an Verkaufsfläche und Ware. Aber die Flächenproduktivität kann damit nicht Schritt halten, der Umsatz weist nicht die Steigerungsraten auf, die angesichts der Flächenexpansion zu erwarten wären.

Nun könnten Sie argumentieren: Trotz des Flächenwachstums haben sich die Umsätze mit Bekleidung nicht erhöht. Ich jedoch behaupte: Das Flächenwachstum ist der Hauptgrund dafür, dass der Umsatz stagniert oder nicht die Zuwachsrate erzielt, die möglich wäre. Denn ein Zuviel an Auswahl führt beim Kunden zum Orientierungsverlust. Er kauft nicht, sondern schaut sich nur um, weil er die Kaufentscheidung gar nicht mehr treffen kann. Er hat die Qual der Wahl, die in diesem Fall aber zur Übersättigung und zur Kaufverweigerung führt.

Erinnern Sie sich bitte an Loop5: Das Überangebot an Verkaufsfläche führt in der Kundenwahrnehmung zur Uniformität. Der Kunde findet sich im wahrsten Sinn des Wortes nicht mehr zurecht.

Hinzu kommen die durch das Überangebot verursachten Preisschlachten schon mitten in der Saison. Sie zerstören jedes Bemühen des Retailers und der Marken, sich hochwertig und emotional zu positionieren. Zudem führen sie zu der Weigerung des Kunden, das Angebot wertzuschätzen, nach dem Motto: „Was billig ist, kann nicht viel wert sein!" Und das ist der Einstieg in einen Teufelskreislauf: Die Kaufzurückhaltung beantwortet der Markt mit der nächsten Preissenkung, der nächsten Preisschlacht. Am Ende dieser Entwicklung steht die sinkende Flächenproduktivität.

Stopp, Herr Hinkel, ich habe da mal eine Frage!

Ist es angesichts der allgegenwärtigen Konsumorientierung nicht eine gewagte Behauptung, von einer Kaufverweigerung der Kunden zu sprechen?
Es ist mein Erklärungsansatz für die nicht zufriedenstellende Umsatzentwicklung im filialisierten Fashion Retail. Sicherlich spielen auch andere Gründe eine Rolle,

denken Sie nur an das Konsumklima, das sich zugunsten anderer Bereiche und zuungunsten von Kleidung und Mode verschiebt. Entscheidend jedoch ist die Übersättigung durch ein Überangebot an Filialen, Fläche und Waren. Und dann gibt es auch noch das Online-Shopping. Gerade hier werden dem Menschen ständig Kaufentscheidungen abverlangt. Und was wünscht sich der Kunde, wenn er dann die virtuelle Welt verlässt und hinausgeht in die reale Welt?

Also ich wünsche mir dann zuweilen, echten Menschen zu begegnen, mich mit einem Verkäufer auszutauschen, vielleicht auch mit anderen Kunden.
Ganz recht. Sie sind auch nicht der Einzige, der dieser Meinung ist. Die Trendforscher Andreas Steinle und Thomas Huber sagen in ihrer Studie „Hyper Consuming 2010", der Mehrwert beim realen Shoppen bestehe etwa darin, sich mit Menschen zu treffen, zwischendurch einen Muffin zu essen, einen Kaffee zu trinken und gemeinsam mit Freunden oder Bekannten Klamotten oder Schuhe zu kaufen. Das bedeutet: Es geht um Einkaufserlebnisse, um Emotionen beim Einkauf, um echte Gefühle mit echten Geschichten, um Freizeitvergnügen. Und das ist ein weiterer Grund, warum die strategischen Überlegungen der Führungskraft in Richtung einer qualitativen Verbesserung gehen müssen und sollen – und nicht in die Richtung der Quantität, also der bloßen Erhöhung der Filialanzahl. Wer seine strategischen Überlegungen endlich wieder qualitativ ausrichtet, lenkt sein Augenmerk darauf, den einzelnen Kunden als Individuum wahrzunehmen. Steinle und Huber belegen auch: Der Mensch von heute konsumiert vor dem Fernseher oder dem PC das Leben und die Emotionen anderer und ist selber dabei häufig völlig passiv. Er erlebt dabei selber nichts. Und darin liege die Chance für ein Bekleidungsgeschäft: Mode muss bewirken, dass der Kunde sich fühlt wie Steve McQueen beim Motorradrennen. Denn Mode ist ein Teil der Freizeit- und Entertainment-Industrie.

Na ja, ein Motorradfan bin ich nicht gerade. Und Filme mit Steve McQueen sehe ich mir nicht so gerne an.
Sie wissen, worauf ich hinaus will. Ihre strategischen Überlegungen für die zukünftige Gestaltung Ihrer Filialen sollten sich nicht allein mit der Frage beschäftigen, wie Sie dem Kunden noch mehr Fläche und noch mehr Ware anbieten können. Die Unübersichtlichkeit des Warenangebots führt zu Konsumverdrossenheit. Die beiden Trendforscher beschreiben, dass der Kunde Produkte mit emotionalem oder spirituellem Mehrwert suche, also Feel-Good-Produkte, die entweder zur eigenen Identitätsbildung beitragen oder das Gefühl vermitteln, mit dem Konsum moralisch etwas Gutes getan zu haben. Der moderne Konsument lebt also mit einem schlechten Gewissen, von dem er sich durch bewusste Kaufentscheidungen befreien möchte.

Schritt 1 – Paradigmenwechsel

Er schaut mehr und mehr darauf, wie das Unternehmen, bei dem er kauft, seiner Verantwortung gerecht wird. Unternehmen fragen sich darum, wie sie „Gutes tun" können. Solche Gedanken sollten im Vordergrund Ihrer strategischen Ausrichtung stehen. Die entscheidende Frage lautet: Wie gelingt es auf der zur Verfügung stehenden Fläche, den Kunden zu begeistern – und dann natürlich auch mehr Umsatz zu generieren?

Und wie beantworten Sie diese Frage?
Die Verweigerungshaltung des Kunden kann aufgebrochen werden durch die Ausschöpfung des Marktpotenzials, durch Qualitätsorientierung und durch Emotionalisierung.

Wer heute mehr ausgibt, möchte dafür ein Stück Lebensqualität, Bequemlichkeit oder Wohlfühlatmosphäre gewinnen. In Metropolen wie London sind Läden erfolgreich, die eine einzigartige Erlebnis- und Wohlfühlatmosphäre verbreiten. So das „Coco Ribbon", eine Luxus- und Lifestyle-Boutique, die im Boudoir-Stil, also wie ein Ankleidezimmer aus dem 18. Jahrhundert eingerichtet ist. Die Aspekte Emotionalisierung und Qualitätsorientierung werden uns beim dritten Erfolgsbaustein noch näher beschäftigen. Jetzt soll zunächst die Frage beantwortet werden, wie einer ungebremsten Flächenexpansion ein Riegel vorgeschoben werden kann.

Der andere Weg: Flächenproduktivität erhöhen

Die Marktanalyse hat gezeigt, dass die Strategie, allein auf das Flächenwachstum zu setzen, nicht fruchtet. Die Alternative besteht in dem strategischen Grundsatz, mehr Umsatz pro Quadratmeter zu generieren und damit die Flächenproduktivität zu erhöhen. Wie also lässt sich der Umsatz mit den zur Verfügung stehenden Filialen erhöhen, das Marktpotenzial voll und ganz ausschöpfen und ein vertretbares Flächenwachstum erzielen? Das folgende Beispiel soll dies verdeutlichen.

Also: Auf Sie wartet eine kleine Überraschung – Sie sind Vertriebsleiter bei einem filialisierten Unternehmen und heißen Hubertus Müller. Das Unternehmen verkauft Damenoberbekleidung (DOB). Hubertus Müller fragt sich: „Wie viel Umsatz kann ich in Deutschland mit dem gesamten Filialnetz machen?"

Schritt 1 – Paradigmenwechsel

Zur Erinnerung: Bis dato hat sich Hubertus Müller stets gefragt, wie er „mehr Umsatz durch mehr Quadratmeter" erreichen kann. Von dieser Fragestellung hat er sich verabschiedet! Jetzt geht es ihm darum, das Vorhandene effektiv und optimal zu nutzen und „gesund" zu wachsen.

Dabei gehen wir von der folgenden Annahme aus: Hubertus Müller weiß aus seinen betriebswirtschaftlichen Analysen, dass er 3.000 Euro pro Quadratmeter pro Jahr umsetzt, und zwar bei einer durchschnittlichen Filialgröße von 200 Quadratmetern. Im Moment betreibt er 100 Filialen – und das ergibt die folgende Rechnung:

▶ 100 (Filialen) x 200 (Quadratmeter) x 3.000 Euro = 60.000.000 €/Jahr

Wenn Hubertus Müller nun 200 Filialen hätte, würde er einen Umsatz von 120 Millionen erzielen, und bei 300 Filialen läge der schon bei 180 Millionen.

Stopp, Herr Hinkel, ich habe da mal eine Frage!

Die Rechnung klingt doch verlockend – warum also sollte Hubertus Müller nicht auf intensives Flächenwachstum setzen?
Ganz so einfach ist es ja nicht. Verträgt der Markt wirklich 200 Filialen? Oder gar 300? Ich erinnere an die Verweigerungshaltung des Kunden, der nicht bereit ist, sich von bloßer Größe und verwirrender Vielfalt erschlagen zu lassen. Zudem besteht das Risiko, dass die Flächenleistung auf zum Beispiel durchschnittlich 2.000 Euro pro Quadratmeter sinkt.

Mit der Flächenexpansion also ist es nicht getan! Viele Unternehmen stoßen so lediglich eine Expansionswelle an: Sie übernehmen sich, müssen unrentable Filialen wieder schließen und verbrennen so viele Millionen Euro.

Hubertus Müller also entschließt sich zu einer anderen Vorgehensweise und stellt sich die Fragen, die Sie bereits erarbeitet haben:

- Wie viel Umsatz wird mit meiner Zielgruppe und meinem Produkt erzielt (Marktpotenzial)?

- Welchen Marktanteil will und kann ich erreichen?

- Wie viele Filialen benötige ich dazu?

- Wo sollen sich die Standorte (Stadt und Lage) dieser Filialen befinden?

- Kann ich in meinem Filialnetz ein Benchmark-System aufbauen?

Um diese Frage zu beantworten, errechnet er nun Filiale für Filiale sein Umsatzpotenzial und seinen Marktanteil. Er besorgt sich dazu die entsprechenden Zahlen bei der Gesellschaft für Konsumforschung. Er berechnet sein Umsatzpotenzial aus:

- der Einwohnerzahl eines Filialstandorts,

- der Kaufkraft,

- der Zentralitätsziffer, die die Attraktivität eines Standortes als Einkaufsort beschreibt und zeigt, inwieweit der örtliche Einzelhandel in der Lage ist, überörtliche Kundschaft anzuziehen.

Nehmen wir an, das Umsatzpotenzial läge in Aachen bei 30 Millionen Euro. Seine Filiale setzt 1 Million Euro um – sein Marktanteil liegt mithin bei 3,33 Prozent.

Nachdem Hubertus Müller diese Zahl für alle 100 Filialen errechnet hat, zeigt sich, dass der Filialstandort Aachen seine Benchmark-Filiale ist. Im Mittelfeld liegt Hannover mit einem Marktanteil von 1,8 Prozent. Den letzten Platz nimmt Reutlingen mit 0,8 Prozent ein.

Hubertus Müllers Marktanteilsliste mit allen 100 Filialen erlaubt ihm nun eine Reihe strategischer Überlegungen und Entscheidungen:

- Er macht sich auf nach Reutlingen, um zu prüfen, an welchem Engpassfaktor es liegt, dass der Marktanteil dort so niedrig ist. Hier ist der mögliche Marktanteil anscheinend auf keinen Fall ausgeschöpft. Liegt es am Standort, an der Lage, an den Mitarbeitern, an einem starken Wettbewerber vor Ort? Vielleicht müssen die Reutlinger Filiale und andere Läden sogar geschlossen werden?

➤ Dann fährt er nach Aachen und analysiert, was dort so außergewöhnlich optimal läuft, dass er es auf die anderen Filialen übertragen sollte.

➤ Eine – von mehreren – Optionen besteht darin, in Hannover die Fläche zu vergrößern oder gar eine zweite Filiale zu errichten. Vielleicht ist dies in Hannover der richtige Weg, den Marktanteil von 1,8 Prozent deutlich zu erhöhen.

➤ Er kann bezüglich aller Filialen die Überlegung anstellen, wie sich eine Annäherung an das Aachener Benchmark-Ergebnis erzielen lässt.

Das bedeutet: Die eindimensionale Fokussierung auf die Flächenvergrößerung wird abgelöst durch eine differenziertere Betrachtungsweise. Die Fläche wird dort vergrößert, wo es sinnvoll erscheint. Hubertus Müller fragt sich, welche strategischen Wettbewerbsvorteile ihm in Aachen den hohen Marktanteil garantieren, und kann versuchen, diese Vorteile auch an den anderen Standorten aufzubauen.

Hinzu kommt: Der Qualitätsfaktor rückt in den Mittelpunkt. Müller prüft des Weiteren, ob es – zum Beispiel – an den Führungsqualitäten der Aachener Führungsmannschaft liegt, dass dort der Rubel rollt. Oder weisen die Verkäuferinnen und Verkäufer Kompetenzen auf, durch die sie eine besonders intensive und vertrauensvolle Beziehung zu den Kunden aufbauen können?

Stopp, Herr Hinkel, ich habe da mal eine Frage!

Rechtfertigt Ihr Ansatz, von einem Paradigmenwechsel im filialisierten Fashion Retail zu sprechen?
Ja, ich denke schon. Die Marktanalyse hat gezeigt, dass der Blickwinkel zu einseitig auf das Flächenwachstum ausgerichtet ist. Das Paradigma „Mehr Umsatz durch mehr Quadratmeter" muss abgelöst werden durch das Paradigma „Mehr Umsatz pro Quadratmeter", weil diese Betrachtungsweise die qualitativen Faktoren wieder verstärkt in den Mittelpunkt rückt.

Praxistransfer und Fazit

- Prüfen Sie, ob Sie die Forderung „mehr Umsatz durch mehr Quadratmeter" durch die Forderung „mehr Umsatz pro Quadratmeter" ablösen müssen.

- Erstellen Sie dazu für Ihr Filialnetz eine Marktanteilsliste.

- Beantworten Sie die Frage, was in Ihrer Benchmark-Filiale oder in Ihren Benchmark-Filialen besonders gut läuft.

- Inwiefern ist es möglich, „von den Besten zu lernen"?

- Prüfen Sie, welche Engpassfaktoren es gibt, die Ihr Wachstum behindern – und lesen Sie dazu den Erfolgsbaustein 2.

Schritt 2

Management – mit strategischem Managementansatz zur professionellen Filialsteuerung

Erfolgsbaustein 2

Analysieren Sie Ihre individuelle Filialrealität – auf der Suche nach dem entscheidenden Engpassfaktor

Warum lesen?

➤ Das Kapitel richtet sich vor allem an Führungskräfte, die viele Filialen betreuen.

➤ Sie erfahren, wie Sie ein Filialnetz strategisch steuern.

➤ Sie lesen, dass zu Ihren zentralen Führungs- und Steuerungsinstrumenten der Filialbesuch und die Schreibtischarbeit gleichermaßen gehören.

➤ Zentrales Element des Filialbesuchs ist die Filialbesuchs-Checkliste.

➤ Mit Analyseinstrumente wie der Situationsanalyse, der SWOT-Analyse und vor allem der Engpassorientierten Analyse stellen Sie den brennendsten Engpassfaktor fest, der zuallererst beseitigt werden muss.

➤ Die Steuerungsinstrumente bieten praxisorientierte Hilfsmittel, um einerseits ein großes Filialnetz zu steuern und andererseits jede einzelne Filiale weiter zu entwickeln, wobei sich die Analysetechniken und Checklisten auf die individuelle Filialrealität übertragen lassen.

Schritt 2 – Management

Ein Fallbeispiel

Ohne Ihren persönlichen Filialbesuch geht es nicht

Es ist schon einige Jahre her, aber ich erinnere mich genau: Der Regionalleiter einer Ländergesellschaft ruft mich an. „Herr Hinkel", so der Manager, der die Verantwortung für knapp 40 Filialen trägt, „ich denke, wir müssen uns doch nicht zu unserem Strategiemeeting treffen. Wir wissen jetzt, warum wir in unserer Filiale in Dortmund seit einigen Monaten im Minus feststecken."

Der Regionalleiter berichtet, dass vor vier Monaten in unmittelbarer Nähe ein großes Einkaufscenter eröffnet habe. „Und diese neue Konkurrenz und die Lage der Dortmunder Filiale ist der Grund für die roten Zahlen in Dortmund", zeigt er sich überzeugt.

Auf meine Nachfrage erfahre ich: Gespräche mit dem Filialleiter in Dortmund haben ergeben, es sei wohl die schlechte Lage und die räumliche Nähe eines Wettbewerbers, die für die roten Zahlen, die die Filiale seit Monaten schreibt, verantwortlich seien. Darum ist ein Umzug geplant. Bauabteilung und Expansionsabteilung haben bereits den Auftrag erhalten, ein neues Ladenlokal zu suchen und auszubauen.

„Wo genau befindet sich denn der Wettbewerber", hake ich nach, „welche Faktoren sind entscheidend für seinen Erfolg? Sind es die Schaufenster? Ist es der kundenorientiert gestaltete Eingangsbereich? Oder verfügt er über das besser ausgebildete und motiviertere Personal? Wie ist es um die Besuchsfrequenz bestellt, hat sich diese seit der Eröffnung des Einkaufscenters verändert?" – Betretenes Schweigen. Der Regionalleiter kann diese Detailfragen nicht konkret beantworten. Das ist erstaunlich, denn natürlich war er vor Ort, in Dortmund, und hat mit dem Filialleiter gesprochen und mit den Abteilungsleitern Rücksprache gehalten.

Ich entschließe mich, nach Dortmund zu fahren, um die Filiale meines Kunden selbst unter die Lupe zu nehmen. Ein Blick genügt: Mich empfängt ein Schaufenster mit veraltetem Dekorationsmaterial, das gut und gerne seine fünf Jahre alt ist. Und bei der Leuchtschrift des Firmennamens funktioniert das „A" nicht. Ich betrete den Laden und spüre sofort: So richtig willkommen bin ich hier als Kunde nicht. Dieser Eindruck wird durch die unsauberen Spiegel im Ankleidebereich und den missgelaunten Mitarbeiter bestätigt, der mich lange warten lässt, bevor er sich endlich dazu bequemt, mich anzusprechen.

Schritt 2 – Management

Mein Fazit steht fest:

- *Der Regionalleiter hat bei den Filialbesuchen nicht genau genug hingeschaut. Wahrscheinlich fehlte ihm die Zeit.*

- *Oder er hat sich die Zeit dazu nicht nehmen wollen, die notwendig ist, um detailliert nachzuforschen und zu kontrollieren, warum die Filiale ins Minus abgerutscht ist.*

- *Es ist wohl die Filialleitung des Ladens, die die Verantwortung dafür trägt.*

- *Ein Umzug hilft nicht weiter, denn der eigentliche und entscheidende Engpassfaktor würde mit umziehen, nämlich die Filialleitung des Ladens.*

Arbeitsinstrument 1 für Führungskräfte: Professionalisieren Sie Ihre Filialbesuche

In Dortmund ist also über Monate hinweg, und wahrscheinlich noch länger, Umsatz verschenkt worden. Meine Befürchtung: Stammkunden sind verprellt, potentielle Neukunden zum raschen Verlassen der Filiale geradezu gezwungen worden. Der Grund: Es ist dem Regionalleiter nicht gelungen, den tatsächlichen Engpassfaktor aufzuspüren.

Stopp, Herr Hinkel, ich hätte da mal eine Frage!

Es ist doch recht schwierig, sich für jede einzelne Filiale, die man als Regionalleiter besucht. so viel Zeit zu nehmen, um jedes Detail selbst in Augenschein nehmen zu können.
Es ist aber wichtig, sich diese Zeit zu nehmen. Denn die beste Analyse und das beste Controlling sind nur so gut wie die Kenntnis der individuellen Filialrealität, die hinter jeder Zahl steht. Stellen Sie sich nur einmal vor: Sie betreuen zwei Filialen – gleiche Lage, gleiche Größe, gleiche Anzahl Mitarbeiter. Filiale A macht im letzten Monat

Schritt 2 – Management

ein Umsatzplus, Filiale B ein Umsatzminus. Die Filialleitung von B sagt Ihnen am Telefon, es liege an der Ware. Die Ware sei völlig am Trend vorbei. Das mag vielleicht stimmen, und subjektiv ist der Filialleiter tatsächlich der Meinung, die Ware sei der Engpassfaktor. Jedoch: Den wahren und objektiven Grund erfahren Sie nur, wenn Sie hinfahren und eine saubere Analyse durchführen und dann am Schreibtisch in der Nachbereitung eine detaillierte Auswertung ausarbeiten.

Hm, es ist schon seltsam, denn schließlich macht Filiale A mit der gleichen Ware gute Geschäfte.
Genau, vielleicht liegt es ja an der Warenpräsentation. Das sehen Sie aber nicht am Telefon. Hinzu kommt: Die Filialleitung von B wird es selber ebenfalls nicht erkennen können. Entweder steckt der Filialleiter in der operativen Black Box fest und ist nicht in der Lage, einen objektiven Blick etwa auf die Warenpräsentation zu werfen. Oder er will dies gar nicht leisten, dann stellt sich aber natürlich auch die Frage, ob hier die richtige Führungskraft am richtigen Platz ist.

Kann es sein, dass der Regionalleiter mit der Zeit auch eine gewisse Betriebsblindheit entwickelt?
Ja, die Erfahrung mache ich immer wieder. Typisches Beispiel ist das nicht leuchtende A im Firmennamen der Filiale in Dortmund. Jeder Mitarbeiter, jeder Abteilungsleiter, der Filialleiter und der Regionalleiter – alle sehen es immer wieder, teilweise täglich, dass die Leuchtschrift defekt ist. Aber es wird nicht richtig wahrgenommen. Dabei wäre ein nur geringer Aufwand notwendig, um den Schaden zu beheben. Manchmal ist Bequemlichkeit der Grund, manchmal Betriebsblindheit.

Am besten wäre es ja, wenn der Leiter der Filiale B diese Analyse selbst vornehmen könnte.
Ja, natürlich richtig, vorausgesetzt, er selbst ist nicht der Engpassfaktor. Besser aber ist es, wenn der Regionalleiter eine Filialbesuchs-Checkliste nutzt, um aus einer objektiven Distanz die Dinge in den einzelnen Filialen zu prüfen. Übrigens: Für die Filialleiter liegt eine spezielle Checkliste vor, um dem Engpassfaktor und den Verbesserungsmöglichkeiten für die Filiale auf die Spur zu kommen.

Bleiben wir bitte bei der Filialbesuchs-Checkliste für die Führungskraft, die viele Filialen betreut. Wie sieht solch eine Checkliste denn aus?

Schritt 2 – Management

Nutzen Sie die Filialbesuchs-Checkliste

Nicht immer lässt sich auf den ersten Blick erkennen, warum eine Filiale nicht den Umsatz erwirtschaftet, der eigentlich möglich sein müsste. Hier ist der Einsatz einer Filialbesuchs-Checkliste sinnvoll, mit der sich systematisch die Situation vor Ort überprüfen lässt.

Die Filialbesuchs-Checkliste lässt sich vergleichen mit der Checkliste, die ein Pilot vor dem Start durchgeht. Selbst der erfahrenste Pilot muss dies sein ganzes Berufsleben lang, bis zur Pensionierung, so handhaben. Und wer würde sich in ein Flugzeug setzen und sich einem Piloten anvertrauen, der vor dem Start nicht sicherstellt, dass alles in Ordnung ist?

Die folgende Checkliste (Abbildung 4, Seite 40) ist für jenen Regionalleiter entwickelt worden, in dessen Verantwortungsbereich die Dortmunder Filiale aus unserem Eingangsbeispiel liegt. Die Kreuze weisen darauf hin, in welchem zeitlichen Rhythmus die Kontrolle der entsprechenden Punkte stattfinden sollte.

Schritt 2 – Management

Filialbesuchs-Checkliste für Führungskräfte, die mehrere Filialen betreuen

Aktion/Häufigkeit – wann	immer	monatlich	1/4 Jahr	1/2 Jahr	vor WA*	nach WA*	Saison
Filiale							
1. Ordnerwesen prüfen				x			
2. Lagercheck							x
3. Sozialraumcheck	x						
4. Kassenbereichscheck	x						
5. Filialcheckliste mit FL ausfüllen	x						
6. Filialcontrolling besprechen		x					
7. Situationsanalyse aktualisieren	x						
8. Engpassanalyse aktualisieren	x						
9. Wettbewerber/Standort beobachten				x			
Personal							
1. Erscheinungsbild überprüfen	x						
2. Benehmen beobachten	x						
3. Flächenabdeckung checken	x						
4. Verkaufstechniken überprüfen	x						
5. PEP-Check	x						
6. Leistung der Mitarbeiter beurteilen			x				
Ware							
1. Großarena/Laufzone überprüfen						x	
2. Kleinarena überprüfen	x						
3. Warenaufbau in der Aktionszone überprüfen	x						
4. Visual Merchandising-Check	x						
5. Warenaufbau vorbesprechen					x		
6. Verfügbarkeit der Ware prüfen	x						
7. Darstellung der Fokusthemen prüfen	x						
8. Fotodokumentation machen						x	
Kommunikation							
1. Infofluss in der Filiale prüfen			x				
2. Aktionen zur Stammkundenbindung besprechen				x			
3. Aktionen zur Neukundengewinnung besprechen				x			
4. Ausgabe der Kundenkarte prüfen		x					

Abbildung 4

Diese Checkliste finden Sie als Download unter www.dfv-fachbuch.de/Hinkel

Schritt 2 – Management

Stopp, Herr Hinkel, da habe ich aber erst einmal eine Frage!
Wenn ich mir die Checkliste so anschaue: Sozialraumcheck und Wettbewerber analysieren – das sind ja sehr unterschiedliche Dinge. Und der Sozialraumcheck scheint mir dabei nicht so wichtig zu sein. Soll der Check wirklich „immer", also bei jedem Besuch, durchgeführt werden?

Können die Mitarbeiter ihre Spinde abschließen oder liegen die Wertsachen offen herum? Machen die Räumlichkeiten einen ordentlichen Eindruck, sind sie sauber, ist der Müll entsorgt? Wie sieht es im Kühlschrank aus, begegnen uns dort gammelige Lebensmittel? Natürlich sind das zunächst einmal Kleinigkeiten. Aber die Gestaltung des Aufenthaltsraumes lässt Rückschlüsse auf die **Wertschätzung** der Mitarbeiter durch die Filialleitung zu: Ist es für den Leiter wichtig, dass seine Mitarbeiter in einer Wohlfühlatmosphäre arbeiten können? Und wie gehen die Mitarbeiter mit dem Sozialraum um? Wer hier schlampig ist, so meine Erfahrung, lässt auch bei den Verkaufsräumlichkeiten und im Lager wenig Sorgfalt walten. Und mit dem Teamgefüge scheint es dann ebenfalls nicht zum Besten bestellt zu sein. Bei Belegschaften, bei denen die Chemie stimmt, fühlen sich die Mitarbeiter nicht nur für ihre eigenen Sachen verantwortlich, sondern zugleich für die gemeinschaftlichen Einrichtungen. Und dann eben auch für den Aufenthaltsraum.

Ich gebe Ihnen Recht. Wenn ich als Kunde zufällig in den verwahrlosten Aufenthaltsraum schaue, würde ich das Geschäft verlassen, zumal es sich ja immerhin um ein Bekleidungsgeschäft handelt.

Ein verwahrloster Aufenthaltsraum lässt auch Rückschlüsse auf den Filialleiter zu. Wenn er schon nicht dafür sorgen kann, dass seine Mitarbeiter den Raum in Ordnung halten – wie sieht es dann mit der Führungskompetenz insgesamt und seiner Filialleitung aus? Übrigens: Die Checkliste habe ich seinerzeit speziell für den Regionalleiter entwickelt, der die Filiale in Dortmund betreut. Natürlich müssen Sie eine Besuchs-Checkliste erstellen, die Ihrer individuellen Situation angepasst ist.

Bei den weiteren Punkten der Filialbesuchs-Checkliste sollte – zum Beispiel – beachtet werden:

Der Aspekt „Filiale" in der Filialbesuchs-Checkliste

➤ Ordnerwesen: Stehen die Ordner dort, wo sie hingehören? Sind sie entsprechend etikettiert (Aufteilung Kasse, Büro)? Sind sie aktuell und ordentlich geführt?

➤ Lager: Ist die Ware sortiert, ordentlich gelegt oder eingehängt? Ist das Lager sauber, gibt es Müllberge, ist altes Material entsorgt? Sind die Reservierungen aktuell, ist die unverkäufliche Ware entsorgt?

➤ Kasse: Wie ist es um die Ordnung und Sauberkeit auf und unter dem Kassentresen bestellt? Sind die Regale hinter der Kasse aufgeräumt, ist der Müll entsorgt, sind die Bügel sortiert und ordentlich in dem dafür vorgesehenen Behältnis verstaut? Liegen keine alten Kataloge und Flyer im Kassenbereich und im Katalogaufsteller herum? Ist das Logbuch ordentlich geführt? Dokumentieren die Bemerkungen im Logbuch das Tagesergebnis?

➤ Filialcheckliste: Sie wird vom Filialleiter ausgefüllt, der Regionalleiter kontrolliert die Beurteilungen. Die Liste verbleibt in der Filiale.

➤ Filialcontrolling: Der Filialleiter führt durch die Listen und bespricht die Kennzahlen mit dem Regionalleiter – und nicht umgekehrt. Der Grund: Der Filialleiter soll die Entstehung der Kennzahlen begründen. Zudem werden die wichtigsten Entwicklungen im Vergleich zu anderen Filialen besprochen.

➤ Situationsanalyse: Bei jedem Besuch werden die neuen Informationen und Erkenntnisse handschriftlich in der Situationsanalyse notiert.

➤ Engpassanalyse: Bei jedem Besuch werden die angegebenen Engpässe überprüft. Die Änderungen werden im Marktbearbeitungsordner notiert.

➤ Beobachten des Wettbewerbers/Standorts: Der Filialleiter stellt dar, wenn es zu Standortveränderungen gekommen ist. Die Angaben werden in der Situationsanalyse eingetragen. Die Information ist auch für die Zentrale von Bedeutung und muss daher an sie weitergeleitet werden.

Schritt 2 – Management

Stopp, Herr Hinkel, ich habe da eine Verständnisfrage!

Sie sprechen von einer Filialbesuchs-Checkliste, einer Filialcheckliste, einer Situationsanalyse und einer Engpassanalyse – und jetzt auch noch von einer Wettbewerbsanalyse. Da müssen Sie Klarheit hineinbringen.
Gerne. Der Unterschied zwischen Filialbesuchs-Checkliste und Filialcheckliste ist:

- Die Besuchs-Checkliste setzt die Führungskraft ein, um ihren Filialbesuch zu systematisieren und sich einen Überblick zur Gesamtsituation zu verschaffen.

- Die Filialcheckliste dient der Filialleitung, also dem Filialleiter vor Ort dazu, die Filiale und das Personal zu checken.

Sie lernen diese Analyseinstrumente später kennen, ebenso wie die Situationsanalyse und die Engpassanalyse.

Der Aspekt „Personal" in der Filialbesuchs-Checkliste

- Erscheinungsbild: Frisur, Make-up, Kleidung, Schuhe – wie schaut es diesbezüglich mit der Pflege aus? Tragen die Mitarbeiter Namensschilder?

- Verhalten: Wie wird der Kunde begrüßt, wie verabschiedet? Wie verhalten sich die Mitarbeiter? Beispiel: Nimmt ein Mitarbeiter Blickkontakt mit dem Kunden auf, der den Laden betritt, oder steht er wie angewurzelt vor der Kabine?

- Flächenabdeckung: Ist das Personal gemäß Flächenabdeckungsplan in der Filiale platziert? Achtung: Wenn alle Mitarbeiter bedienen, kann der Flächenabdeckungsplan nicht eingehalten werden. Wenn kein Plan vorhanden ist, muss dieser mit der Filialleitung erarbeitet werden.

- Verkaufstechniken: Der Regionalleiter führt mit mehreren Verkäufern authentische Verkaufsgespräche. Zudem hört er bei den Verkaufsgesprächen der Mitarbeiter als stiller Beobachter zu.

Schritt 2 – Management

- PEP: Gibt es Abweichungen bei der Personaleinsatzplanung (PEP) – sind zum Beispiel vier Mitarbeiter für die Verkaufsfläche eingeplant, aber nur drei anwesend? Woran liegt das? Reagieren die Mitarbeiter flexibel auf die tatsächliche Kundenfrequenz? Geht jemand nach Hause, wenn nichts oder wenig in der Filiale los ist? Ist die PEP dem Umsatzverlauf in der Filiale angepasst?

- Beurteilung der Leistung der Mitarbeiter: Der Regionalleiter führt dazu Gespräche mit dem Filialleiter über die Verkaufsleistung der Mitarbeiter und über andere Leistungen (etwa Visual Merchandising, Ordnung, Teamfähigkeit), um Maßnahmen zur Mitarbeiterförderung festzulegen.

Der Aspekt „Ware" in der Filialbesuchs-Checkliste

- Großarena: Der Regionalleiter verschafft sich einen Überblick über das Gesamtbild. Folgt die Anordnung der Segmente im Laden der Wichtigkeit und ist sie für den Kunden nachvollziehbar? Befindet sich der Warenaufbau im Gleichgewicht, sind links und rechts gleichwertige Rückwände aufgebaut? Sind die Warenträger gemäß Grundrissplan gestellt und ordentlich ausgerichtet? Sind die Laufwege frei und gut passierbar? Sind überflüssige Warenträger entfernt?

- Kleinarena: Der Regionalleiter geht ins Detail – zum Beispiel: Passen die gewählten Farben zueinander? Passen die Mittelraumshops farblich zu den Farben der Rückwand? Sind die Mittelraumshops alle gleich auf die Rückwand ausgerichtet?

- Warenaufbau in der Aktionszone: Ist die Ware ordentlich und ansprechend dekoriert, mit Liebe zum Detail? Ist die Gestaltung geeignet, Laufkundschaft in die Filiale zu ziehen? Ist die Ware wetterabhängig ausgesucht? Gibt es Fokusthemen, nach dem die Ware ausgesucht ist? Ist der Eingang in die Filiale frei, so dass der Laufweg des Kunden geleitet und nicht gestört wird?

- Visual Merchandising (VM): Wie ist es um die Outfits, die Farbthemen, den Wandaufbau und die Torsi bestellt? Werden die Falttechniken angewendet? Ist die Ware ordentlich gelegt, die Hängeware gekämmt, sind die Stapel gleich hoch gefaltet? Sind die Strahler ausgerichtet? Wie sind die Schaufenster gestaltet?

Tipps zur Gestaltung des Schaufensters

Die Schaufenster sind die Visitenkarte der Filiale und der Magnet, der Laufkundschaft anzieht, mithin das wichtigste Instrument zur Neukundengewinnung und Frequenzsteigerung. Darum ist die Beantwortung der folgenden Fragen wichtig:

➤ Ist die Priorität der Schaufenster festgelegt und sind die Themen entsprechend ihrer Attraktivität der Priorität zugeordnet?

➤ Wie sind die gezeigten Outfits gestaltet (zum Beispiel Anzahl dekorierter Teile pro Schaufensterpuppe)?

➤ Ist das Posing der Schaufensterpuppen dynamisch?

➤ Sind Accessoires dekoriert, ist die Ware gebügelt und sitzt sie gut?

➤ Sind die Preisschilder ordentlich ausgedruckt und stehen sie gleichmäßig ausgerichtet im Fenster?

➤ Ist das Dekorationsmaterial up to date?

➤ Sind die Strahler optimal ausgerichtet?

➤ Warenaufbau vorbesprechen: Der Regionalleiter bespricht mit der Filialleitung den Warenaufbau in der Filiale. Ziel ist es, die VM-Info auf die Filiale herunterzubrechen, um im Vorfeld Fehler zu vermeiden, die Umsatz, Zeit und Geld kosten.

➤ Verfügbarkeit der Ware und Fokusthemen: Der Regionalleiter analysiert die Haupt- und Fokus-Warengruppen mit neuer Saisonware pro Filialkategorie.

➤ Fotodokumentation: Von jedem Warenaufbau werden (digital) Fotos angefertigt und in einem Ordner auf dem PC nach Datum abgelegt. Gute Ideen werden ausgedruckt und können an andere Filialen verteilt werden. Bei Problemfilialen lässt sich mithilfe der Fotos die Entwicklung des VM in der Filiale dokumentieren.

Schritt 2 – Management

Stopp, Herr Hinkel, ich hätte da mal eine Frage!

Eigentlich ist es eher ein Lob: Mir gefällt, dass die Checkliste nicht nur der Kontrolle dient, sondern auch der kollegialen Erarbeitung von Verbesserungsvorschlägen. Das ist mir besonders bei dem Punkt „Warenaufbau" aufgefallen.
Die Checkliste hilft, den Engpassfaktor zu entdecken. Sie ist aber auch eine Quelle für Problemlösungen, die sich in der einen Filiale bewährt haben und darum auf andere Filialen übertragen werden können und sollten. Nehmen Sie das Beispiel der Fotodokumentation. Mit ihr können gute Ideen an andere Filialleiter kommuniziert werden.

Der Regionalleiter ist also auch so etwas wie ein Verbesserungsmanager?
Er selbst muss gar nicht unbedingt die gute Idee haben, wie sich etwa das Visual Merchandising verbessern und eine Schaufensterpuppe verkaufsfördernd dekorieren lässt. Aber wenn ein Filialleiter dazu eine **tolle Idee** hat und auch **umsetzt,** kann der Regionalleiter dies nach dem Motto „Von den Besten lernen" **an andere Filialleiter weiterleiten.** Er muss in der Lage sein, die beste Idee zu erkennen. Mit anderen Worten: Das Ziel, **mehr Umsatz pro Quadratmeter zu erzielen, ist eine Gemeinschaftsaufgabe.** Alle hier genannten Erfolgsbausteine tragen nur dann zum gemeinschaftlichen Erfolg bei, wenn alle Beteiligten an einem Strang ziehen. Das gilt für die Länderleiter, die Verkaufsleiter, die Regionalleiter, die Filialleiter, die Abteilungsleiter und die Verkäufer. Die Checkliste ist natürlich auch ein Instrument der Überprüfung und Kontrolle, aber sie muss wertschätzend genutzt werden.

Wie ist das zu verstehen?
Bleiben wir konkret bei unserem Beispiel: Der Regionalleiter muss durch sein Verhalten gegenüber dem Filialleiter und sein Vorgehen verdeutlichen, dass die Besuchs-Checkliste dazu dient, an Zahlenmaterial und Erkenntnisse zu gelangen. Diese ermöglichen es dann, positive Veränderungsprozesse in Gang zu setzen. Dasselbe gilt übrigens für die Situationsanalyse und die Engpassanalyse, die wir gleich behandeln. Immer steht die Frage im Mittelpunkt: Wo gibt es Kompetenzlücken oder Qualitäts- und Quantitätslücken, die geschlossen werden müssen, um noch besser zu werden und um mehr Umsatz pro Quadratmeter zu generieren?

Die Führungskompetenz des Regionalleiters ist also auch ein Erfolgsfaktor?
Die Führungskompetenz aller Führungskräfte spielt eine immens große Rolle, natürlich. Es geht nicht nur um Fachkompetenz, sondern vor allem um Kommunikationskompetenz. Wenn der Regionalleiter als „Mister Überprüfungskommissar" daherkommt, wird der Erfolg der Filiale weiterhin auf sich warten lassen. Die Kommunikation muss auf allen Ebenen stimmen, selbstverständlich auch in der Filiale selbst – darum geht es jetzt auch bei dem letzten Punkt der Besuchs-Checkliste.

Der Aspekt „Kommunikation" in der Filialbesuchs-Checkliste

▶ Infofluss in der Filiale: Gibt es ein System, das sicherstellt, dass alle Mitarbeiter Memos zügig lesen und verstehen? Gibt es ein Schwarzes Brett oder eine Pinnwand – wie werden die Instrumente genutzt? Sind die Aushänge dort aktuell oder dienen sie nur dazu, Urlaubskarten aufzuhängen?

▶ Aktionen zur Stammkundenbindung: Welche Aktivitäten wurden durchgeführt? Und mit welchem Erfolg? Welche Aktionen sind in Planung?

▶ Aktionen zur Neukundengewinnung: Welche Aktivitäten wurden organisiert? Mit welchem Erfolg? Welche Aktionen sind geplant?

▶ Kundenkarte: Wird jeder Kunde an der Kasse nach der Kundenkarte gefragt? Werden die Kunden immer (wieder) auf die Vorteile der Kundenkarte hingewiesen?

Schritt 2 – Management

Praxistransfer

- Die Besuchs-Checkliste gehört zu Ihren obligatorischen Instrumenten! Nehmen Sie die Liste auf der Seite 40 als Grundlage, um nun eine Liste zu erstellen, die individuell und sehr konkret auf Ihr Filialnetz und Ihre Filialsituation bezogen ist.

- Beantworten Sie bereits jetzt die Frage: Welche Engpässe hindern Sie in ganz besonderem Maße daran, erfolgreich zu sein?

Arbeitsinstrument 2 für Führungskräfte: Führen Sie eine Situationsanalyse durch

Die Situationsanalyse ist in zwölf Felder aufgeteilt und soll die „Geschichte" einer Filiale erzählen: Was ist gut, was ist schlecht gelaufen? Und zwar in der Vergangenheit und in der Gegenwart? Der Blick auf die Geschichte der Filiale erlaubt Ihnen schließlich auch eine Zukunftsprognose.

Der Unterschied zwischen internen und externen Verursachern

Wichtig ist die folgende Differenzierung: Die Verursacher können intern und extern begründet sein:

- Die internen Verursacher stehen in Abhängigkeit zum eigenen Unternehmen.

- Die externen Verursacher können von dem Unternehmen und der Filialleitung kaum oder nur in einem sehr eingeschränktem Maße beeinflusst werden.

Die Beantwortung der einfachen Frage „Wer entscheidet, wer hat das Sagen?" erlaubt eine Einschätzung, ob es sich um einen internen oder einen externen Verursacher handelt:

- Wenn vor der Filiale der Bürgersteig renoviert wird oder sonstige Bauarbeiten anstehen, handelt es sich um externe Verursacher. Und wenn ein Wettbewerber in der Nähe einen Laden eröffnet oder die neue Verkehrsführung die Zugangswege zur Filiale oder die Parkplatzsituation beeinflusst, gehört das ebenso zu den externen Verursachern.

- Anders schaut es zum Beispiel bei den Mietkosten aus: Die Miete wird zwar vom Vermieter vorgegeben. Entscheidend jedoch ist, wer den Mietvertrag unterschrieben oder wer die Verhandlungen zu den Konditionen geführt hat und dabei nicht alle Spielräume genutzt hat. Und darum zählen die Mietkosten zu den internen Verursachern.

Positive und negative Folgen

Natürlich können sowohl die internen als auch die externen Verursacher positive und negative Folgen haben. Allerdings: Die Beurteilung, ob sich die Ist-Situation oder die sich verändernde Situation positiv oder negativ auf das finanzielle Resultat auswirken wird, ist nicht immer unproblematisch. Sie kann immer nur fallweise entschieden werden. Konkretes Beispiel sind die Lage und das Umfeld der Filiale:

▶ Ist das Kaufhaus in der Nähe ein Nachteil, weil es Kundschaft abzieht?

▶ Oder ist es ein Vorteil, weil es als Laufkundschaft neue Kunden anzieht?

Schritt 2 – Management

Stopp, Herr Hinkel, ich hätte da mal eine Frage!

Sind das für eine Führungskraft nicht selbstverständliche Dinge? Man darf doch von einem kompetenten Filialleiter erwarten, dass er sein Geschäft, den Standort und den Wettbewerb besser kennt als jeder andere.
Eigentlich ja. Aber die Erfahrung zeigt, dass es sich in der Praxis nicht immer so verhält und es die Filialleitung zuweilen versäumt, eine saubere Situationsanalyse durchzuführen. Vielleicht auch, weil der Regionalleiter oder auch der Filialleiter nicht über die entsprechenden Instrumente wie Situationsanalyse, SWOT-Analyse, Engpassanalyse und Filialcheckliste verfügt.

Diese Instrumente helfen überdies, komplexe Sachverhalte auf den Punkt zu bringen. Denn als Führungskraft, die mehrere Filialen betreut, haben Sie ein Problem: nämlich eben jene Komplexität.

Das stimmt. Die Anzahl der Filialen und Menschen, die man führt, macht die Führungsaufgabe manchmal unübersichtlich. Hinzu kommt die Tatsache, dass jede Filiale und jedes Team anders ist und individuelle Stärken und Schwächen hat.
Und trotzdem ist es unerlässlich, dass Sie Ihre Filialen individuell analysieren und die Ergebnisse festhalten und ständig aktualisieren. Denn mit jedem Tag ergeben sich Veränderungen – in jeder Filiale. Denken Sie nur an Dinge wie die Krankenstände und Fehlzeiten oder die Warenverfügbarkeit. Die entsprechenden Zahlen ändern sich täglich, stellen aber zugleich ein ernsthaftes Umsatzrisiko dar, müssen mithin erhoben und ausgewertet werden. Da kann auch die kompetenteste Führungskraft, die ihr Geschäft – um Ihre Frage konkret zu beantworten – aus dem Effeff kennt, den Überblick verlieren. Und dann sind die Analyseinstrumente, von denen Sie hier lesen, sehr nützlich. Sie dienen überdies dazu, Wissen und Erkenntnisse in eine aussagefähige Struktur zu bringen, um daraus notwendige Veränderungs- und Verbesserungsmaßnahmen ableiten zu können.

Wichtige Aspekte der Situationsanalyse

Bei der Erstellung der Situationsanalyse müssen bei der *externen Situationsanalyse* die folgenden Punkte auf jeden Fall Berücksichtigung finden:

➤ Lage

➤ Umfeld

➤ Wettbewerb und Konkurrenz: Bei der Konkurrenzanalyse rücken nicht nur die gegenwärtigen, sondern auch die potentiellen zukünftigen Konkurrenten in den Fokus. Entscheidend ist, die jeweilige Strategie des Wettbewerbs und die Stärken und Schwächen der Konkurrenten zu bestimmen und das eigene strategische Wettbewerbsprofil mit dem der Mitbewerber abzugleichen.

➤ Personalqualität und Quantität: Über qualifizierte und motivierte Mitarbeiter lassen sich strategische Wettbewerbsvorteile auf- und ausbauen.

➤ Filialzuschnitt

➤ Filialausstattung

➤ Mietvertragsdauer

➤ Geschichte der Filiale (Eröffnungsdatum, Umzug, Umbau, Erweiterung)

➤ Kennzahlen, sofern sie im Vergleich zum Filialdurchschnitt extreme erklärungsbedürftige Ausschläge nach unten haben

Die Ergebnisse der Situationsanalyse werden in einem Formular (Abbildung 5) festgehalten, das möglichst einfach aufgebaut ist, so dass sich die Führungskraft und der Filialleiter darauf beschränken können, sich auf das Wesentliche zu konzentrieren.

Schritt 2 – Management

Situationsanalyse für Führungskräfte, die mehrere Filialen betreuen			
Filiale (Name, Standort):			
	Vergangenheit	Gegenwart	Zukunft
INTERNE VERURSACHER – Positiv			
INTERNE VERURSACHER – Negativ			
EXTERNE VERURSACHER – Positiv			
EXTERNE VERURSACHER – Negativ			

Abbildung 5

Diese Checkliste finden Sie als Download unter www.dfv-fachbuch.de/Hinkel

Arbeitsinstrument 3 für Führungskräfte: Setzen Sie mit der SWOT-Analyse strategische Impulse

Eine Ergänzung zur Situationsanalyse bietet die SWOT-Analyse. Sie gestattet einen Überblick über die Stärken und Schwächen einer Filiale und zeigt auf, welche Chancen genutzt und welche Risiken zu beachten und zu minimieren sind. So lässt sich feststellen, welche strategischen Wettbewerbsvorteile genutzt und welche kritischen Erfolgsfaktoren beachtet werden müssen.

Hinter „SWOT" verbergen sich die Anfangsbuchstaben englischer Begriffe, nämlich:

- Strengths (Stärken),

- Weaknesses (Schwächen),

- Opportunities (Chancen) und

- Threats (Risiken).

Mit SWOT können Sie eine zusammenhängende Bewertung der gegenwärtigen Stärken und Schwächen sowie der Chancen und Risiken durchführen. Nur so lassen sich tragfähige strategische Entscheidungen für die Zukunft fällen, die auf einer gesicherten Informationsgrundlage basieren.

Zunächst einmal muss die Führungskraft die Stärken, Schwächen, Chancen und Risiken einer Filiale benennen. Aber Achtung: Gerade die Stärken und Schwächen sind relative Größen und müssen in Bezug zur Konkurrenz gesetzt werden: Eine sehr gute Standortlage oder Parkplatzsituation wird erst zu einer Stärke, wenn ein Konkurrenzgeschäft über keine Parkplätze oder eine deutlich schlechtere Lage verfügt.

Erstellen Sie eine SWOT-Analyse

Die Führungskraft listet alle Stärken und Schwächen auf und bewertet sie im Vergleich mit dem Wettbewerb mit Schulnoten. Faktoren mit den Noten 1 bis 3 gelten als Stärken, die anderen als Schwächen. Zu den Bereichen, in denen Kernfähigkeiten und Kernschwächen beurteilt werden, gehören in der Regel die Faktoren, die bei der Situationsanalyse aufgelistet worden sind.

Dieselbe Vorgehensweise wendet die Führungskraft bei den Chancen und Risiken an. Wichtig ist die Bewertung des Kundenverhaltens und eine Konkurrenzanalyse: Die Gründung eines Konkurrenzgeschäftes in unmittelbarer räumlicher Nähe der Filiale kann nach dem Motto „Konkurrenz belebt das Geschäft" positive Auswirkungen haben. Die Gründung kann aber natürlich auch ein Risiko darstellen.

Die Abbildung 6 zeigt ein Beispiel für eine SWOT-Analyse:

SWOT-Analyse für Führungskräfte, die mehrere Filialen betreuen

	Stärken	Schwächen	Chancen	Risiken
Lage/Standort				
Erreichbarkeit				
Konkurrenz/Wettbewerb				
Führungspersonal				
Mitarbeiter				
Filialzuschnitt				
Filialausstattung				
...				

Abbildung 6

Bei der Chancen- und Risiko-Analyse ist es hilfreich, sich nicht nur auf die eigene Bewertung zu verlassen. Darum sollte die Führungskraft **regelmäßig Kundenbefragungen durchführen** lassen. Auch die Filialleiter und ihre Mitarbeiter können mit ihrer Bewertung wertvolle Unterstützung bei der SWOT-Analyse geben. Der Grund: Oftmals sehen sie die Dinge durch die „Angestellten-Brille" anders als die Führungsverantwortlichen zum Beispiel auf der Verkaufsleiter- oder Regionalleiterebene.

Auch bei den Punkten Strengths und Weaknesses ist es sinnvoll, Fremdbewertungen einzuholen. So ist es möglich, einen möglichst objektiven Blick etwa auf die Arbeitsprozesse oder die Kommunikationskompetenz zu werfen.

Interpretieren Sie die Analyseergebnisse

Letztendlich führt die SWOT-Analyse vor allem zu Zahlen, Daten und Fakten, die der Interpretation bedürfen. Die Führungskraft erhält Hinweise auf Felder, in denen ein Handlungsbedarf besteht: Grundsätzlich sollten Stärken weiter ausgebaut und nach außen kommuniziert, Schwächen und – soweit beeinflussbar – Risiken gemindert werden. Chancen kann sie detailliert prüfen.

Schritt 2 – Management

Die Analyse erlaubt zugleich differenziertere Aussagen. Aus der Beurteilung der internen Stärken und Schwächen sowie der externen Chancen und Risiken wird eine konkrete Entscheidungsmatrix (Abbildung 7) mit strategischen Entscheidungsoptionen abgeleitet:

SWOT-Analyse und Strategieentwicklung

SWOT-Analyse		*Interne Analyse*	
		Stärken	Schwächen
Externe Analyse	Chancen	**Stärken-Chancen-Strategien** – Stärken so nutzen, dass sie zu Chancen passen – Stärken so einsetzen, dass sich Chancenverwirklichung erhöht – Stärken ausbauen und Chancen nutzen	**Schwächen-Chancen-Strategien** – Schwächen bewältigen durch Nutzung der Chancen – Schwächen ausmerzen, um Chancen nutzen zu können
	Risiken	**Stärken-Risiken-Strategien** – Stärken einsetzen, um Risiken abzuwenden – prüfen, welche Gefahren sich mit welchen Stärken bekämpfen lassen	**Schwächen-Risiken-Strategien** – Schwächen minimieren und so Risiken verhindern – vor Schaden schützen

Abbildung 7

Praxistransfer

◆ Erstellen Sie nun auch Ihre individuelle Situationsanalyse und eine SWOT-Analyse. Wählen Sie dazu eine Filiale aus, die zu Ihren Problem-Filialen zählt.

Schritt 2 – Management

> ♦ Beantworten Sie wiederum die Frage: Welche Engpässe und kritischen Erfolgsfaktoren hindern Sie in ganz besonderem Maße daran, erfolgreich zu sein?
>
> ♦ Notieren Sie aber auch Ihre Stärken, die Sie ausbauen können und müssen, um mehr Umsatz pro Quadratmeter zu erzielen.

Arbeitsinstrument 4 für Führungskräfte:
Nutzen Sie das Königs-Instrument „Engpassanalyse"

In der Regel wird es sich so verhalten, dass sich aus einer Filialanalyse nicht nur ein, sondern mehrere Ansatzpunkte für Verbesserungsmöglichkeiten ableiten lassen. Wolfgang Mewes hat mit seiner Engpasskonzentrierten Strategie (EKS) das Bewusstsein dafür geschärft, wie wichtig es für den Unternehmenserfolg ist, zunächst einmal den größten Engpass – oder die größten Engpässe – zu beseitigen. Sinnvoll ist es daher, sich zuerst um den „engsten" Engpass zu kümmern, denn der bietet die größten Chancen zur Verbesserung.

Werner Siegert verdeutlicht den Zusammenhang mithilfe der folgenden Abbildung:

Erst den engsten Engpass beseitigen

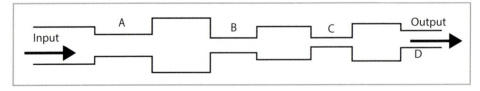

Abbildung 8
Quelle: Werner Siegert: Ziele – Wegweiser zum Erfolg, S. 104

Siegert erläutert die Abbildung: „Erkennbar ist ein Durchfluss-System, bei dem links etwas eingespeist wird (Input), rechts etwas abgegeben wird (Output). Erkennbar sind ferner vier Engpässe (A, B, C, D). Offensichtlich kann der Output jedoch nicht erhöht werden, wenn die Engpässe A, B oder D beseitigt werden. Der engste Engpass ist C.

Wird nun dieser engste Engpass (= Minimumfaktor!) beseitigt, so erhöht sich sofort der Output. Es ist also nur sinnvoll, den jeweils engsten Engpass zu beseitigen (...) Ist Engpass C beseitigt, so wird B die Kapazität bestimmen. Man wird sich dann auf die Beseitigung des Engpasses B konzentrieren, dann erst auf D und später auf A."

Stopp, Herr Hinkel, ich hätte da mal eine Zwischenfrage!

Was heißt das denn konkret für unseren Regionalleiter, der die Filiale in Dortmund besucht hat?
Ich habe ja schon angedeutet, dass die Führungskompetenz der Filialleitung in Dortmund sehr zu wünschen übrig ließ. Übertragen auf die Grafik oben war der Engpassfaktor C der Filialleiter. Man kann in solch einem Fall natürlich versuchen, durch entsprechende Weiterbildungsmaßnahmen die Kompetenz auszubauen. In Dortmund aber wurde die Entscheidung getroffen, einen neuen Filialleiter einzusetzen. Es war nun einmal leider die Einstellung des damaligen Leiters, durch die die vorhandenen Marktchancen nicht wahrgenommen werden konnten. Seine Einschätzung, das Umsatzminus habe mit dem neuen Einkaufscenter zu tun, hat sich als völlige Fehleinschätzung erwiesen. Tatsache ist auch: Nach dem Wechsel der Filialleitung konnte innerhalb kürzester Zeit wieder ein Plus von 12 Prozent erzielt werden. Ein Umzug hätte das Problem des amtsmüden und demotivierten Leiters und des frustrierten Teams nicht geändert. Die Umsätze wären mit zu hohen Kosten erkauft worden und wären immer deutlich unter den Möglichkeiten geblieben.

Und danach konnten die weiteren Engpassfaktoren angegangen werden?
Die Verkäuferinnen und Verkäufer sind im emotionalen Verkauf geschult worden, zudem hat es einige organisatorische Umstrukturierungen gegeben. Wir haben also nach und nach die Engpassfaktoren beseitigt. Die Fähigkeit der Verkäuferinnen und Verkäufer, Kundentypen zu erkennen und die Kundentypen auf verschiedenen emotionalen Ebenen anzusprechen, konnte schließlich sogar zu einem strategischen Wettbewerbsvorteil entwickelt werden. Das wiederum hat zu einem klaren Differenzierungsmerkmal gegenüber dem Wettbewerb geführt. Denn das Personal bei den Wettbewerbern war zum emotionalen und kundentyporientierten Verkauf nicht in der Lage.

Schritt 2 – Management

Konzentrieren Sie sich auf das Wesentliche: Engpass-Chart erstellen

Es bleibt festzuhalten: Der engste Engpass ist in der Managementlehre das Problem, das eine Weiterentwicklung des Unternehmens am meisten verhindert. Wie aber können Sie diesen Engpass erkennen und punktgenau benennen? Wie kann man verhindern, dass – siehe Abbildung 8 – zunächst bei Engpass A angesetzt wird, was wenig hilfreich ist, da der Output, die Leistungsfähigkeit der Filiale, trotzdem immer noch durch den Engpass C bestimmt wird? Hilfreich ist der Einsatz eines Engpass-Charts, das wie folgt aussieht (Abbildung 9):

Engpass-Chart für Filiale

Parameter	Engpass definieren	Lösung formulieren
Personal		
Ware		
Filiale		
Kunden		
Kommunikation		

Abbildung 9

Diese Checkliste finden Sie als Download unter www.dfv-fachbuch.de/Hinkel

Und so kann das Engpass-Chart erstellt werden:

◆ Die Parameter-Felder sind in diesem Beispiel das Personal, die Ware, die Filiale, die Kunden und die Kommunikation, mithin Parameter, die für den Stationärhandel relevant sind. In der entsprechenden Zeile werden dann – sofern vorhanden – der Engpass in seiner Ausprägung beschrieben und eine Lösungsmöglichkeit (Maßnahme) definiert.

- Die Engpässe beim Parameter „Personal" können zum Beispiel bestimmte Mitarbeiter mit bestimmten Defiziten oder auch eine generelle Über- oder Unterbesetzung sein.

- Die Engpässe beim Parameter „Ware" können etwa die Struktur einer Warengruppe, die Menge, die Teile/Artikel oder die Größen sein. Die Engpässe werden von der Führungskraft, die ein Filialnetz betreut, definiert.

- Beispiele für Engpässe beim Parameter „Filiale" sind die Verkaufsflächenaufteilung und die baulichen Gegebenheiten.

- Bei den „Kunden" geht es um Engpässe bei den Stamm-, Neu-, oder Laufkunden. Eine wichtige Frage in diesem Zusammenhang: Welche Probleme gibt es bei Kundenbindung oder Abschöpfung?

- Der Parameter „Kommunikation" beschreibt Problemfelder wie Dekoration, Visual Merchandising, Marketing, Werbung, Promotions und die Schulung und Information der Mitarbeiter.

- Die Führungskraft trifft nun die Entscheidung für die relevanten Parameter und für die Ausprägungen der Engpässe, die mit aller Entschlossenheit bearbeitet werden müssen und mit einiger Wahrscheinlichkeit zum Erfolg oder zum beabsichtigten Resultat führen werden.

- Dabei stellt sich immer wieder die einfache, aber entscheidende Frage: „Was ist mein Engpass?" Es wird also immer nur der engste Engpass definiert und beschrieben.

In der Praxis wird es immer wieder dazu kommen, dass zwei oder vielleicht sogar drei Engpassfaktoren genannt werden. Aber: Es geht um Reduktion, um Vereinfachung, um Konzentration auf das Wesentliche – die Führungskraft beschreibt also den einen Engpassfaktor. Und in der rechten Spalte des Engpass-Charts beschreibt sie in Kurzform die wichtigste Zielentscheidung, zum Beispiel:

- *Personal*: Neubesetzung von XY bis <Datum>, Abbau einer Vollzeitkraft bis zum <Datum>

Schritt 2 – Management

Stopp, Herr Hinkel, ich hätte da mal eine Frage!

Das Engpass-Chart sieht mir ein bisschen schmalbrüstig aus. Und soll es wirklich nur der Entscheidung der Führungskraft überlassen bleiben, hier anhand eines einzigen Charts die Entscheidung über den brennendsten Engpass zu fällen?

Wie bei den anderen Analyseinstrumenten geht es darum, sich auf das Wesentliche zu konzentrieren. Ein Analysevorgang – ein Blatt, das ist das Motto. Und bedenken Sie: Die Führungskraft kann und soll die hier vorgestellten Analyseinstrumente miteinander kombinieren. Das ist in den meisten Fällen sogar ratsam. Und das heißt: Insbesondere die Filialbesuchs-Checkliste, aber auch die Situationsanalyse und SWOT führen zur Erhebung umfangreichen Materials, führen zu Zahlen, Daten und Fakten, aber auch zu immer konkreteren Einschätzungen der Filialrealität. Die Führungskraft verschafft sich ein immer deutlicheres Bild, sie sensibilisiert sich Schritt für Schritt für die Stärken, aber eben auch den besonderen Engpass. Überdies führt sie Gespräche mit den Beteiligten, mit der Filialleitung, den Abteilungsleitern, den Mitarbeitern. All dies versetzt sie in die Lage, ein kurzes, aber aussagekräftiges Engpass-Chart zu erstellen.

To-do-Liste formulieren

Sind alle Analyseinstrumente ausgeschöpft und der Engpassfaktor definiert, können Sie einen detaillierten Fahrplan zur Beseitigung des Engpassfaktors erstellen (Abbildung 10). Nutzen Sie dazu eine To-do-Liste, in der Sie die Frage „Wer macht was bis wann?" so detailliert wie möglich beantworten.

Schritt 2 – Management

Maßnahmen zur Beseitigung des Engpassfaktors

WAS / ERGEBNIS Status eintragen	WER	WANN / erledigt bis

Abbildung 10

Stopp, Herr Hinkel, ich hätte da mal einen Einwand!

Ich mag diese tabellarischen To-do-Listen nicht. Ich würde viel lieber eine Mindmap benutzen.

Dann gehören Sie also zu den kreativen Köpfen, die sich von solch einer hierarchisch strukturierten Tabelle eher eingeschränkt fühlen. Die gute Nachricht: Wie Sie zur Formulierung Ihrer Maßnahmen gelangen, bleibt natürlich Ihnen überlassen. Der eine arbeitet lieber mit einer Ideen- oder Gedanken-Landkarte, der zweite mit To-do-Listen in Tabellenform, der dritte schließlich mit einer ganz anderen Arbeitstechnik. Wichtig ist das Prinzip der Schriftlichkeit. Der Maßnahmenkatalog soll schwarz auf weiß die Schritte festhalten, die zur Beseitigung des engsten Engpassfaktors führen. Er soll also den Knoten im Schlauch auflösen, der den Durchfluss des Wassers am meisten behindert.

Schritt 2 – Management

Praxistransfer und Fazit:
Engpassfaktor feststellen und beseitigen

1. Füllen Sie bei den regelmäßigen Besuchen Ihrer Filialen die auf die jeweilige Filialrealität bezogene Besuchs-Checkliste aus.

2. Erstellen Sie die Situationsanalyse und die SWOT-Analyse.

3. Erstellen Sie mithilfe des Analysematerials ein Engpass-Chart.

4. Nutzen Sie das Material, um einen Maßnahmenkatalog zur Auflösung des brennendsten Engpassfaktors zu erstellen.

5. Ist der engste Engpassfaktor aufgelöst, gibt es einen neuen Engpass, der nun das größte Hindernis auf dem Weg zum Erfolg darstellt. Lösen Sie ihn auf – das Ziel ist, nach und nach alle Engpassfaktoren zu beseitigen.

♦ Beziehen Sie die Punkte 3 bis 5 wiederum auf eine Problem-Filiale.

Erfolgsbaustein 3

Bauen Sie strategische Wettbewerbsvorteile auf

Warum lesen?

➤ Das Kapitel zeigt Führungskräften, wie sie für ihr Filialnetz oder ihre Filiale einen strategischen Leitsatz aufstellen und ihn verwirklichen.

➤ Sie lernen die verschiedenen Strategiearten kennen, mit denen Sie strategische Wettbewerbsvorteile auf- und ausbauen.

➤ Sie erfahren, warum das Hauptziel einer jeden Strategie die Differenzierung vom Wettbewerb sein sollte.

➤ Sie lesen, wie wichtig es ist, ein stimmiges Konzept zur Strategieumsetzung zu entwickeln. Alle Einzelmaßnahmen müssen im Dienst der strategischen Ausrichtung stehen.

➤ Sie lernen sechs Umsetzungsmaßnahmen kennen, mit denen Sie in den Augen der Kunden Einzigartigkeit aufbauen.

Schritt 2 – Management

Fallbeispiele:

Überzeugen Sie sich von der Notwendigkeit einer klaren strategischen Ausrichtung

Beginnen wir wieder mit **Fallbeispielen:** Ich habe in meiner Karriere als Länderleiter und jetzt als Branchenfachtrainer und -berater im Fashion Retail und in der Textilwirtschaft zahlreiche Modegeschäfte kennengelernt. So gut wie immer ist zu beobachten: Wer sein Einzelhaus oder seine Kette mit einer klaren Strategieausrichtung führt, agiert im Durchschnitt erfolgreicher als die Konkurrenz, die keine erkennbare und konsequent durchgeführte Strategie verfolgt.

Selbstverständlich gibt es Ausnahmen, und oft überlebt der Anbieter, der in der Lage ist, seine Strategie ständig den sich verändernden Rahmenbedingungen anzupassen.

Ein typisches Beispiel für eine „Nicht Fisch, nicht Fleisch"-Strategie liegt bei jenem Anbieter vor, der sich als mittelpreisiger Lifestyle-Fashion-Anbieter etablieren will. Die Flächenausstattung und Flächenbestückung jedoch passen nicht so richtig dazu. Wer mit seinen Waren auch ein Lifestyle-Gefühl verkaufen will, darf seine Tische nicht mit Waren überladen. Hoher Warendruck und lässiger Lifestyle – das passt nicht zusammen und taugt nur als Veranschaulichung der Strategie „Stuck in the Middle". Eine unausgegorene Strategie erkennt man daran, dass sie sich „zwischen den Stühlen" befindet, mithin alles will, aber nichts erreicht.

Wohltuend allein schon fürs Kundenauge sind diejenigen Modehäuser, die auf eine authentisch-eigenständige Differenzierung setzen. Zara etwa differenziert sich über den Modegrad und über den Versuch, stets den aktuellen Modetrend zu repräsentieren. Ladengestaltung, Außenauftritt, Schaufenstergestaltung – all dies harmoniert perfekt miteinander und ergibt in der Wahrnehmung auch des kritischen Betrachters ein stimmiges Bild und erzeugt eine Sogwirkung auf den Kunden. Und diese Stimmigkeit resultiert aus der klaren strategischen Ausrichtung.

Wo viel Licht, da viel Schatten – auch in der Modebranche. Ein traurig-einfaches Beispiel für eine nicht vorhandene Strategie geben die Modehäuser ab, die einzig und allein kopieren: vom Anderen, vom Marktführer, vom Erfolgreichen. Es ist keine Schande, vom Besten zu lernen – aber jeder „Kopist" muss ein gewisses Maß an Eigenständigkeit bewahren, sonst verliert er an Profil und wird vom Kunden in seiner Beliebigkeit schließlich überhaupt nicht mehr wahrgenommen.

Zu guter Letzt sei nochmals an Abercrombie & Fitch erinnert, die durch ihr Vorhaben, nur ja nicht wie ein Modehaus zu wirken, eine Differenzierung erreichen wollen. Ob diese Strategie mit ihrem Musikclubambiente, ihren Türstehern und Storemodels zum nachhaltigen Erfolg führen wird, wird kontrovers diskutiert. Ich sage dazu: Nur wer wagt, gewinnt.

Die Praxisbeispiele belegen die Notwendigkeit, mit strategischem Weitblick zu planen und zu agieren. Die Fähigkeit zum strategischen Weitblick gehört zu den Grundvoraussetzungen eines nachhaltigen und zukunftsorientierten Managements.

In drei Schritten zur zukunftsfähigen Strategie

Für einen Filialleiter steht meistens die Bewältigung des operativen Tagesgeschäfts, die Sicherung des unmittelbaren Erfolgs und der Liquidität im Mittelpunkt. Trotzdem ist es wünschenswert, wenn auch der Filialleiter einen strategischen Weitblick entwickelt und die auf Langfristigkeit angelegte Filialentwicklung ins Auge fasst. Voraussetzen darf man dies bei den Regionalleitern, den Verkaufsleitern und den Länderleitern.

Stopp, Herr Hinkel, ich habe da mal einen Einwand!

Ich muss Sie unterbrechen. Es ist doch nicht die Aufgabe des Filialleiters, eine Vision zu entwickeln. Visionsentwicklung ist Chefsache!
Sie haben recht, darauf wollte ich hinaus. Der Inhaber, der geschäftsführende Gesellschafter, der CEO – er oder sie ist es, der die visionäre Richtung vorgibt. Das heißt nicht, dass sich die Führungskräfte auf den anderen Hierarchieebenen nicht auch mit dem Thema beschäftigen sollten. Denn jede Führungskraft – bis hin zum Abteilungsleiter – sollte wissen, wie die Vision zustande gekommen ist, damit sie sie vor Ort, in der Filiale, „leben" kann. Dann ist die Führungskraft, dann sind Sie auch in der Lage, bei Ihren Aktivitäten im Filialnetz oder in der Filiale die Vision zu berücksichtigen und sie möglichst vollständig umzusetzen. Darum versuchen manche Unternehmenslenker, die Führungskräfte möglichst vieler Ebenen an der Visions-

Schritt 2 – Management

entwicklung zu beteiligen und deren Ideen einfließen zu lassen. Aber nochmals: Die visionäre Ausrichtung legt letztendlich der Chef fest.

Der Aufbau strategischer Wettbewerbsvorteile gelingt, wenn der folgende Dreischritt beachtet wird:

➤ Schritt 1: Vision entwickeln

➤ Schritt 2: Strategischen Leitsatz formulieren

➤ Schritt 3: Strategieart festlegen

Schritt 1: Vision entwickeln

Nach Frank M. Scheelen und David G. Bigby heißt Unternehmensentwicklung, dass sich ein Unternehmen „zunächst einmal über seine Vision im Klaren" sein sollte, daraus „ergeben sich die Werte, die wiederum den Weg und die Art und Weise bestimmen, wie Ziele erreicht werden und wie sich Führungskräfte und Mitarbeiter in konkreten Situationen verhalten sollen".

Stopp, Herr Hinkel, ich habe da mal eine Frage!

Können Sie zur Verdeutlichung konkret sagen, was Sie unter einer Unternehmens-Vision verstehen?
Da möchte ich das Rad nicht neu erfinden. Eine visionäre Mode-Filialkette lässt sich von Werten, Unternehmensprinzipien und Unternehmenszielen leiten, die unabhängig sind vom operativen Tagesgeschäft. In einer Vision verdichtet sich die fundamentale Bestimmung eines Unternehmens, der alle Führungskräfte und Mitarbeiter folgen wollen und können. Die gemeinsame Vision bindet die Menschen zusammen, sie ist der Kitt, der das Unternehmen im Innersten zusammenhält. Sie zeigt, wohin der Weg führen soll, wo das Unternehmen in fünf oder zehn Jahren stehen will.

Das sind aber sehr hehre Worte.
Ja. Es ist aber ein Fehler, mit der Strategiefestlegung zu beginnen, ohne eine sinn- und identitätsstiftende Vision formuliert zu haben. Also: Erst die Vision, dann die Strategie. Und dann muss eine Führungskraft natürlich immer wieder die aktuellen Markt- und Rahmenbedingungen überprüfen und analysieren, ob eine Strategieanpassung notwendig ist. Das Unternehmen muss den goldenen Mittelweg zwischen langfristig-nachhaltiger Strategieorientierung und flexibel-geschmeidiger Anpassung finden.

Eine Strategie sollte also immer so flexibel aufgebaut sein, dass es jederzeit möglich ist, auf aktuelle Entwicklungen im operativen Geschäft zu reagieren?
Ja, das ist die große Herausforderung. Andererseits gilt: Eine Strategie muss sich entfalten, im Unternehmen Fuß fassen und die Führungskräfte und die Mitarbeiter begeistern. Wer die Strategie jeden Tag anpasst, verändert oder umformuliert, führt das Unternehmen in den Untergang – zumindest besteht diese Gefahr.

Jetzt bin ich gespannt, welche Vision und welche Strategieausrichtung Sie der Führungskraft im filialisierten Fashion Retail empfehlen.
Da muss ich Sie leider schon jetzt enttäuschen. Die Vision und die konkrete Strategieausrichtung müssen Sie als Führungskraft selbst festlegen – am besten auf der Basis gesicherter Analyseergebnisse. Ich kann hier nur Möglichkeiten aufzeigen und Beispiele nennen. Denn eine Vision ist prinzipiell einmalig.

Können Sie dazu ein Beispiel geben?
Ja, gern: Nehmen wir an, es handelt sich um einen Young-Fashion-Anbieter, dessen Kernkompetenz im Sortiment bei den T-Shirts liegt und der seine Kollektion in eigenen Läden vertreibt. „Wir wollen in fünf Jahren mit unseren T-Shirts in jedem Kleiderschrank von Schülern und Studenten präsent sein." Das ist doch eine sehr konkrete Vision, die visionäre Kraft mit eindeutigen Aussagen zur Zielerreichung kombiniert – bis hin zu einem Zeitplan.

Sinnvoll ist es, wenn die Vision nicht in einem kleinen und elitären Kreis festgelegt wird, sondern Führungskräfte aller Hierarchieebenen und vielleicht sogar einige Mitarbeiter an der Festlegung der Vision beteiligt werden. Dies kann zum Beispiel mithilfe eines Visions-Workshops geschehen.

Dabei gilt die Regel: Je mehr Beteiligte, desto besser. Denn eine Vision kann sich an den verschiedensten Aspekten orientieren:

➤ an dem **Entstehungsmythos** des Unternehmens,

➤ an der **Unternehmenskultur**,

➤ an den Produkten oder einem Produkt,

➤ an der Qualitäts- und Serviceorientierung,

➤ am Absatzmarkt oder

➤ an einem spezifischen Kundennutzen.

Schritt 2: Aus der Vision einen strategischen Leitsatz ableiten

Nehmen wir an, die Vision und die zentralen Unternehmenswerte stehen fest. Nun geht es darum, daraus einen strategischen Leitsatz abzuleiten – nach dem Motto „Ein Unternehmen, eine Strategie, eine Botschaft" des Strategieexperten und US-amerikanischen Ingenieurs Ken Olsen.

Damit es konkret wird, nehmen wir als Beispiel die bereits genannte Vision:

➤ „Wir wollen in fünf Jahren mit unseren T-Shirts in jedem Kleiderschrank von Schülern und Studenten präsent sein."

Ein möglicher Leitsatz wäre etwa:

➤ „Als Marktführer im Bereich ‚T-Shirts' bieten wir Schülern und Studenten höchste Aktualität und Individualität und besten Service. Wir begeistern sie durch Coolness und Fachkompetenz im professionell und emotional geführten Beratungsgespräch!"

Ziel der Strategiefestlegung ist es, strategische Wettbewerbsvorteile aufzubauen, um einen Vorsprung vor dem Wettbewerb aufzubauen. Im Erfolgsbaustein 1 wurde bereits in aller Kürze gesagt, was unter einem strategischen Wettbewerbsvorteil zu

Schritt 2 – Management

verstehen ist. Die ausführlichere Definition besagt, dass ein strategischer Wettbewerbsvorteil

➤ *ein für den Kunden wichtiges Leistungsmerkmal betrifft* – zur Verdeutlichung: Der strategische Wettbewerbsvorteil im Fashion Retail kann zum Beispiel in besonders qualifizierten und motivierten Mitarbeitern liegen. Diese verstehen es, ihren Kunden unvergessliche Einkaufserlebnisse zu verschaffen. Für diesen Fall gilt: Natürlich konkurrieren viele Anbieter um die Kunden mit Produkten, die oft eine ähnliche Qualität aufweisen. Wer aber Top-Mitarbeiter hat, verschafft sich einen Vorteil gegenüber der Konkurrenz.

➤ *von dem Kunden tatsächlich wahrgenommen werden muss*: Die Kunden eines Modehauses erleben die Qualität der Kompetenzen der Verkäufer direkt „am eigenen Leib". Bei jedem Einkauf können sie sich von der Kundenorientierung der Verkäufer überzeugen.

➤ *vom Wettbewerb nicht so leicht einholbar und kopierbar sein darf*: Wenn der strategische Wettbewerbsvorteil in der Ausbildung und Einstellung des Personals zu den Kunden, also in den Mitarbeiterkompetenzen liegt, hat das Modehaus einen klaren Vorteil. Dieser Vorteil kann von der Konkurrenz nicht so rasch ausgeglichen werden. Mit anderen Worten: Wer schon in seiner Unternehmensphilosophie die Kundenorientierung als integralen Bestandteil verankert hat und darum stets auf die qualifizierte Ausbildung des Personals großen Wert legt, erarbeitet sich einen Vorsprung, den der Konkurrent nur unter größten Anstrengungen aufholen kann. Gerade der „menschliche Faktor", hier die grundsätzliche kundenfreundliche Einstellung der Verkäufer, ist kaum imitierbar.

Stopp, Herr Hinkel, ich habe da mal ein Lob!

Ihre Anmerkung zum „menschlichen Faktor" gefällt mir sehr gut!
Ein Regionalleiter hat dazu einmal geäußert: „Ich weiß, dass ich hier in der Provinz nie einen Wettbewerbsvorteil durch den besten und teuersten Ladenbau oder das beste und modischste Sortiment aufbauen kann. Aber es gibt einen Punkt, durch

den ich mich auch hier auf dem Land von der Konkurrenz differenzieren kann – und das ist das beste Personal, das sind die motivierten und engagierten Mitarbeiter."

Das Beispiel der Mitarbeiterqualifikationen zeigt: Ein strategischer Wettbewerbsvorteil – mit den drei Merkmalen Kundenrelevanz, Wahrnehmbarkeit und Einzigartigkeit – ist immer in Beziehung zum Wettbewerb zu setzen. Das hohe Ausbildungsniveau der Mitarbeiter und deren Engagement und Beratungskompetenz macht sich immer erst dann bemerkbar, wenn die Konkurrenz über diese Vorteile *nicht* verfügt.

Ein weiteres Beispiel verdeutlicht dies: Die 1a-Lage der Filiale in der Einkaufspassage mit exzellenten Parkplatzmöglichkeiten für die Kunden wird dann zu einem strategischen Wettbewerbsvorteil, wenn der Wettbewerb seinen Kunden diesen Nutzen nicht bieten kann. Die Lage des Modehauses ist kein Wert an sich; erst die Tatsache, dass es auf diese Weise einen Wettbewerbsvorsprung gegenüber dem Wettbewerb erreicht, lässt die Lage zu einem strategischen Vorteil werden.

Stopp, Herr Hinkel, ich habe da mal eine Frage!

Können Sie mal, damit ich es besser verstehe, Ihre Ausführungen zu den strategischen Wettbewerbsvorteilen auf Ihr Beispiel mit dem Young-Fashion-Anbieter beziehen?
Natürlich. Rekapitulieren wir: Die Vision „Wir wollen in fünf Jahren mit unseren T-Shirts in jedem Kleiderschrank von Schülern und Studenten präsent sein" verdichtet sich in dem Leitsatz: „Als Marktführer im Bereich ‚T-Shirts' bieten wir Schülern und Studenten höchste Aktualität und Individualität und besten Service. Wir begeistern sie durch Coolness und Fachkompetenz im professionell und emotional geführten Beratungsgespräch!"

Den strategischen Wettbewerbsvorteil bauen Sie auf, indem Sie konsequent in die zielgruppengerechte Auswahl und Aus- und Weiterbildung der Verkäufer investieren, die dann zum Beispiel in der Lage sind, emotionale Kundengespräche in ihrem eigenen hippen und coolen Jargon mit der Zielgruppe zu führen. Die Verkäufer werden speziell dafür ausgebildet, zum Beispiel den Kundentyp zu identifizieren und das Beratungsgespräch entsprechend zu strukturieren.

Gut – da wird es dem Wettbewerb schwer fallen, die strategischen Wettbewerbsvorteile schnell zu kopieren.
Ja, Sie haben einen Status der Einzigartigkeit aufgebaut, den Sie nun durch weitere Maßnahmen festigen und ausbauen können: durch Werbung, durch Marketingaktivitäten, durch den Aufbau weiterer strategischer Wettbewerbsvorteile. Stellen Sie sich nur einmal vor, wie uneinholbar der Vorsprung wird, wenn es unserem T-Shirt-Marktführer auch noch gelingt, jede seiner Filialen an einem trendigen, hochfrequentierten Standort zu platzieren.

Schritt 3: Strategieart festlegen, um Einzigartigkeit zu erreichen

Mit dem Begriff „Einzigartigkeit" ist ein wichtiges Stichwort gefallen. So gut wie jede strategische Ausrichtung läuft darauf hinaus, sich möglichst konsequent von der Konkurrenz abzuheben. Ein Modehaus will in den Augen der Kunden ein Alleinstellungsmerkmal erzielen. Dazu liegen verschiedene Strategiearten vor. Der amerikanische Strategieexperte Michael E. Porter unterscheidet

- **Differenzierungsstrategien** – hier lautet das Ziel, sich innerhalb der Branche vom Wettbewerb eindeutig zu unterscheiden und eine Sonderstellung einzunehmen.

- **Nischenstrategie** oder Konzentration auf ausgewählte Schwerpunkte oder ein Marktsegment: Ein Beispiel aus der Modebranche ist die Konzentration auf Übergrößen oder „Große Größen".

- Strategie der **Kosten- oder Preisführerschaft**: Ein Beispiel dafür sind Discounter wie KiK.

Kerstin Friedrich bezeichnet die Differenzierung durch Spezialisierung als das wirkungsvollste Instrument zu mehr Marktmacht, weil sie zu überlegenen Problemlösungen für die Kunden führt. Sie spricht von drei Spezialisierungsrichtungen:

- die besonders enge **Primär-Spezialisierung** auf ein Produkt oder wenige Produkte, ein spezielles Know-how oder eine ganz besondere Dienstleistung,

Schritt 2 – Management

- die **Problem-Spezialisierung**, bei der ein Unternehmen ein ganz spezielles Problem seiner Zielgruppe löst und

- die **Zielgruppen-Spezialisierung** durch Konzentration auf eine genau definierte Zielgruppe.

Bei den Differenzierungsstrategien wird oft – so auch von Andreas Buhr in seinem Buch „Die Umsatz-Maschine" – wie folgt unterschieden:

- **erlebnisorientierte Strategie**: Kunden kaufen nicht einfach ein Kleidungsstück ein, etwa eine Jeans. Die Menschen erwarten mehr: ein Event, ein tolles Erlebnis sollte der Einkauf schon sein. Darum werden bei der Erlebnisstrategie kompetente Verkäufer benötigt, die in der Lage sind, Kunden zu begeistern, diese von der Faszination ihres Produktes zu überzeugen und sie bei ihren Gefühlen zu packen. Denn der Kunde kauft auch, weil er mit einem Kleidungsstück sein Lebensgefühl ausdrücken möchte, weil es zu seinem Lifestyle passt, weil er damit bei anderen Menschen Aufmerksamkeit erregen kann. Natürlich trägt auch die Einrichtung des Ladens dazu bei, ein Einkaufserlebnis zu kreieren.

- **serviceorientierte Strategie**: Der Kunde bezahlt eine Dienstleistung – ein Service hingegen ist eine Gratis-Garnierung der Dienstleistung: Der Verkauf der Jeans gehört zur bezahlten Dienstleistung. Der Verkäufer kann aber für ein Service-Sahnehäubchen sorgen. Nehmen wir an, er kennt sich im Internet bestens aus. Dann weist er den Facebook-begeisterten Kunden darauf hin, dass es im Netz eine Community zu eben dieser Jeansmarke gibt. Entscheidend ist, Serviceakzente dort zu setzen, wo der Kunde sie eigentlich nicht vermutet. Ein unerwarteter Service zum richtigen Zeitpunkt – das vergisst der Kunde bestimmt nicht so schnell.

- **kundenbindungsorientierte Strategie**: Jeder Kunde, der Kleidung ab einem bestimmten Wert kauft, erhält einen Gutschein für eine Stilberatung im Friseurgeschäft gegenüber – das ist ein Beispiel für eine Kundenbindungsidee. Dazu kooperiert die Filiale mit einem Friseurladen, deren Inhaber dann seinerseits Kunden mithilfe eines Gutscheins in die Filiale schickt. Zu den traditionelleren Instrumenten gehören die regelmäßige Kommunikation mit dem Kunden durch Mailings, das Kundentelefon, die Kundenhotline per E-Mail, Kundenkarten oder die Kundenzeitschrift, Verkaufsveranstaltungen und Kundenseminare. Entscheidend ist, mit dem Kunden in einen Dialog zu treten, denn die beste Kundenbindungsstrategie besteht in dem Aufbau eines persönlichen Verhältnisses zum Kunden.

Schritt 2 – Management

Freundlichkeit, Herzlichkeit und das Bemühen, den „Menschen im Kunden" zu sehen, bewirken oft mehr als groß angelegte Kundenbindungsoffensiven.

- **Bedarfsermittlungsstrategie**: Der Verkäufer im Modehaus sollte in der Lage sein, „den Bedarf hinter dem Bedarf" zu erkennen oder zu erfragen: Ein Kunde will zwar zunächst einmal nur eine – bleiben wir dabei – Jeans kaufen. Aber in Wirklichkeit geht es ihm darum, im jugendlichen Freundeskreis Eindruck damit zu machen. Der „eigentliche Bedarf ist also der Imagegewinn" – das muss der Verkäufer erkennen können.

Stopp, Herr Hinkel, ich habe da mal eine Frage!

Das ist mir ein bisschen viel Strategie. Gibt es denn aus Ihrer Sicht nicht eine besonders wichtige Strategieart?
Ein wichtiges, wenn nicht das wichtigste Ziel im Fashion Retail ist es, sich innerhalb einer Branche von der Konkurrenz klar abzuheben und in den Augen der Kunden eine Sonderstellung einzunehmen. Wie gesagt: Einzigartigkeit ist das Ziel. Der Weg dorthin kann über die Nische führen, den Preis, den Service, die Differenzierung.

Aber ist eine Preisstrategie nicht besonders schwer durchzusetzen und zu gewinnen?
Ja, das würde ich unterschreiben. Im Rausch der „Geiz ist geil"-Bewegung und der Rabattschlachten sind zumeist nur die Discounter in der Lage, aufgrund niedriger Kosten und günstiger Einkaufspreise und damit niedriger Preise die Kostenführerschaft in ihrem Marktsegment anzustreben. Hinzu kommt: Es gibt immer einen Konkurrenten, der noch billiger ist. Und darum ist es häufig richtig, sich auf eine Differenzierungsstrategie zu verlegen, oder zu versuchen, eine regionale angebotsspezifische Nische zu besetzen, in der man relativ geringer Konkurrenz ausgesetzt ist.

Außerdem ist in der Realität meistens eine Kombination der Strategiearten anzutreffen, wie denn auch zumeist keine der Strategien in „Reinkultur" auftritt: Wer beispielsweise den Einkauf für den Kunden zu einem unvergesslichen Erlebnis macht, bietet zugleich einen Gratis-Service und bindet den Kunden an sich. Und die Erhöhung der Kundenbindung ist stets ein Teilaspekt aller anderen Strategiearten.

Das Highlander-Konzept: „Es kann nur einen geben!" – Stimmigkeit, Differenzierung und Einzigartigkeit

Lassen Sie uns die Überlegungen zur strategischen Ausrichtung zusammenfassen:

➤ Die drei entscheidenden Aspekte einer konsistenten Strategie sind Stimmigkeit, Differenzierung und Einzigartigkeit.

➤ Ziel ist der Aufbau strategischer Wettbewerbsvorteile.

Dabei ist die konkrete Ausrichtung, die Sie einschlagen, zunächst einmal gleichgültig: Ob hochwertige und hochpreisige Mode für eine gut betuchte und exklusive Klientel oder Discounter mit Billigpreis-Philosophie: Wichtig ist es,

➤ sich für einen der Wege zu entscheiden,

➤ diesen Weg dann konsequent zu verfolgen,

➤ sich mit der entsprechenden Strategie im jeweiligen Segment vom Wettbewerb zu differenzieren und

➤ bei der Wunschklientel den Status der Einzigartigkeit aufzubauen.

Lothar Stempfle nennt dies das „Highlander-Konzept". Er lehnt sich dabei an den Film „Highlander: Es kann nur einen geben" mit Christopher Lambert und Sean Connery an. Entscheidend dabei ist weniger der Inhalt des Films, sondern vor allem das eingängige „Es kann nur einen geben", das durch den Bekanntheitsgrad des Films zu einem sprichwörtlichen Synonym für „Einzigartigkeit" und Begriffe wie „unvergleichbar" und „außergewöhnlich" geworden ist.

Mit „Highlander-Konzept" ist also gemeint: Ihr Ziel sollte darin bestehen, den Kunden zu der Meinung zu veranlassen: „Wenn es um Mode oder Kleidung geht, ist das Geschäft X meine erste Anlaufstation!"

Welche konkreten Umsetzungsmaßnahmen helfen nun, das Highlander-Konzept mit Leben zu füllen und strategische Wettbewerbsvorteile aufzubauen?

Umsetzungsmaßnahme 1:
Ihre Rolle als Gastgeber – die Filiale als Wohlfühlzone

Wer strategische Wettbewerbsvorteile aufbauen will, sollte eine möglichst persönliche Beziehung zum Kunden aufbauen. Es geht mithin um Beziehungsmanagement. Dies gelingt nach meiner Erfahrung am besten, wenn Sie sich als Gastgeber sehen, der gute Freunde zu sich nach Hause einlädt, um sie zu bewirten. Denn als Gastgeber macht man sich automatisch Gedanken darüber, was zu tun ist, damit sich die Gäste rundum wohlfühlen.

- Das beginnt schon bei der **Einladung**: Wie gestalte ich die Einladungskarte, damit der Gast sich von ihr angesprochen fühlt und auch zusagt? Welche Informationen muss ich dort bekannt geben, damit der Gast weiß, was ihn erwartet? Übertragen auf die Filiale bedeutet dies: Welches **äußere Erscheinungsbild** will ich transportieren? Wie muss der Außenbereich aufgebaut sein, damit der Kunde in den Laden hineingelockt wird? Was muss geschehen, damit die durch den Außenbereich geweckten Erwartungen nicht enttäuscht werden? Hier sei nochmals an das Stichwort „Stimmigkeit" erinnert.

- Dann geht es um den **Empfang der Gäste**: Wie begrüße ich meine Partyfreunde? Mit Champagner oder mit Sprudel? Mit lauter Musik oder einem ruhigen Begrüßungsgespräch, einem Small Talk? Mit sachlicher Information – „Dort kannst du deinen Mantel ablegen, Getränke gibt es dahinten, Essen steht in der Küche?" – oder einem Fotografen, der von jedem Gast ein bleibendes Erinnerungsfoto schießt? Auch in der Filiale gehört es zu den wichtigsten Überlegungen, wie der Kunde begrüßt werden soll. Wichtig bei der Begrüßung ist die emotionale Ansprache durch die Verkäufer.

Schritt 2 – Management

Stopp, Herr Hinkel, ich habe da mal eine Frage!

Können Sie ein Beispiel für die emotionale Begrüßung des Kunden durch den Verkäufer geben?
Meistens wird die folgende Begrüßungsformel verwendet: „Guten Tag, wie kann ich Ihnen weiterhelfen?" Der emotionale Wert aber ist hier gleich null. Würden Sie so Ihre Gäste auf der Party empfangen? Wohl eher nicht. Der Verkäufer sollte sich – am besten gemeinsam mit dem Filialleiter – Begrüßungsformulierungen überlegen, die seine Freude darüber ausdrücken, dass der Kunde seinen Laden aufsucht – und keinen anderen. Welches Kompliment kann man dem Kunden machen, welches Lob aussprechen? Das sind Ansatzpunkte für kundenorientierte emotionale Begrüßungssätze.

Ich muss gestehen, dass ich zunächst skeptisch war: Was hat der Aufbau einer Filiale mit einer Party oder Feier zu tun, was der Regionalleiter oder der Filialleiter mit einem Gastgeber? Aber durch Ihre Beispiele wird klar, dass es Ihnen um die Einstellung der Führungskraft und der Mitarbeiter zum Kunden geht.
In meinen Seminaren zur Vertriebssteuerung im filialisierten Fashion Retail erlebe ich es immer wieder: Erfolgreich sind die Führungskräfte, die den Kunden nicht primär als Quelle sehen, Umsatz und Gewinn zu generieren. Langfristigen und nachhaltigen Erfolg hat derjenige, der zum Kunden eine einzigartige, auch emotional gefärbte Beziehung unterhalten will, der ihn eben nicht als Jagdbeute definiert, sondern als einen Menschen, der einen Bedarf und Wünsche hat. Und Sie, die Führungskraft im Fashion Retail, bieten ihm an, sich diese Wünsche in Ihrem Modehaus zu erfüllen. Ich habe überlegt, wie ich dies meinen Seminarteilnehmern verdeutlichen kann. Und das gelingt mir jetzt mit der Metapher vom Gastgeber, der seine Filiale als Wohlfühlzone gestalten will.

Das Bild vom Gastgeber, der mit der Einstellung: „Jeder Gast ist so einzigartig für mich, dass ich ihm die beste Feier bieten will, die er jemals erlebt hat" den Menschen im Kunden sieht, trägt noch weiter: Der Gastgeber zeigt dem Gast, wo er was findet. Die Führungskraft muss dafür Sorge tragen, dass zum Beispiel die Großarena und die Kleinarenen, mithin die Flächenaufteilung, deutlich voneinander zu unterscheiden und klar strukturiert sind – der Kunde muss sich zurechtfinden.

Und wenn der Gastgeber dem Gast bei der Verabschiedung in den Mantel hilft und vielleicht ein Taxi für ihn bestellt, heißt das für den Filialleiter und seine Mitarbeiter: „Was können wir tun, damit der Kunde das Geschäft zufrieden verlässt und bereits jetzt überlegt, wann er uns das nächste Mal besuchen will? Wie können wir ihn motivieren, wiederzukommen?" Eine Möglichkeit ist, ihn zur nächsten Modeschau einzuladen.

Übrigens: Welche Möglichkeiten hier dem Filialleiter und seinen Mitarbeitern zur Verfügung stehen, ist Gegenstand des Erfolgsbausteins 7.

Die Analogie umfasst selbst so heterogene Dinge wie die Gästetoilette bzw. die Umkleidekabinen: Auf der Fete achtet der Gastgeber auf saubere Toiletten – im Modegeschäft auf Kabinen, in denen der Gast Erfrischungstücher findet und die frei sind von Kleiderbügeln und Waren.

Letztes Beispiel: Ein Gastgeber bemüht sich, einen Gast den anderen Gästen vorzustellen und ihn in eine Gesprächsrunde zu integrieren, in der er sich gut aufgehoben fühlt. Der kundenorientierte Filialleiter und seine Mitarbeiter schließlich legen Wert darauf, den Kunden typorientiert anzusprechen und ihn in einem Beratungsgespräch in angenehmer Atmosphäre nützliche Einkaufstipps zu geben.

Umsetzungsmaßnahme 2:
Den Kundenkontakt emotionalisieren

Neurowissenschaftler gehen davon aus, dass menschliches Verhalten nahezu ausschließlich von den Emotionen gesteuert wird. Der Neurologe Antonio Damasio zum Beispiel sagt, dass „jede Entscheidung einen emotionalen Anstoß braucht. Aus purem Verstand heraus könne der Mensch nicht handeln". Hans-Georg Häusel befasst sich mit den Auswirkungen der Denkleistungen des Gehirns auf Marketing und Verkauf und fasst den Kern der Hirnforschung so zusammen: „Alles, was keine Emotionen auslöst, ist für unser Gehirn wertlos." Deshalb geht man davon aus, dass über 80 Prozent der Entscheidungen emotional getroffen werden – und damit auch der Kaufentscheidungen.

Schritt 2 – Management

Diese Entscheidungen werden im limbischen System getroffen. Dort ist das jeweilige Emotionssystem beheimatet, das eine Person bevorzugt. Demnach lässt sich die Bandbreite des menschlichen Verhaltens als Mischungen aus drei limbischen Urprogrammen beschreiben:

▶ **Balanceverhalten**: Hier dominieren das Sicherheitsdenken und das Harmoniestreben: „Strebe nach Stabilität" und „Vermeide jede Veränderung".

▶ **Dominanzverhalten**: Bestimmend sind Machtwille und Autonomiestreben: „Sei besser als die anderen" und „Setze dich durch und vergrößere deine Macht".

▶ **Stimulanzverhalten**: Kreativität und Spontaneität stehen im Vordergrund: „Sei anders und brich aus dem Gewohnten aus" und „Suche nach Abwechslung".

Dabei unterscheidet die Hirnforschung wiederum mehrere Emotionssysteme, die zwar allesamt bei einem Menschen vorhanden sind – jeder Mensch aber bevorzugt eines der Emotionssysteme, durch das dann die Kaufentscheidungen ganz beträchtlich beeinflusst werden. Helmut Seßler hat in Anlehnung an Hans-Georg Häusel die Erkenntnisse der Hirnforschung auf den Vertrieb übertragen. Er beschreibt, wie man das jeweilige Emotionssystem eines Kunden erkennt und einschätzt. Der Vorteil: Wer dazu imstande ist, richtet seine Kundenansprache und Argumentation strikt auf den jeweiligen Kundentypus aus. Ziel ist es dann, den gesamten Kundenkontakt typgerecht zu emotionalisieren.

Die Emotionalisierung des Kundenkontakts – darauf wird im Erfolgsbaustein 6 näher eingegangen. Hier soll nur ein Beispiel der Veranschaulichung dienen:

▶ Der Verkäufer findet heraus, dass bei einem Kunden das Sicherheitsdenken und das Harmoniestreben dominieren und er darum Veränderungen meidet. Der Verkäufer wird dem Kunden dann nicht gerade die allermodernste und allerneueste Lifestyle-Kleidung anpreisen, sondern genau hinschauen, welche Kleidung der Kunde trägt und sein Angebot auf dessen Modegeschmack abstimmen. Beim kreativ-spontanen Kunden geht er natürlich genau umgekehrt vor.

Schritt 2 – Management

Stopp, Herr Hinkel, ich habe da mal eine Frage!

Hirnforschung und Fashion Retail: Können die Verkäuferinnen und Verkäufer ihren Beruf jetzt nur noch ausüben, wenn sie, bildlich gesprochen, den Magnetresonanztomographen im Gepäck haben, um die Hirnströme der Kunden zu messen?
Nein, selbstverständlich nicht. Entscheidend ist die Kompetenz, die praxisorientierten Aspekte dieser Erkenntnisse für die Verbesserung der Kundenansprache im Fashion Retail zu nutzen. Dass sich ein Kunde nicht nur aus Vernunftgründen für ein Produkt entscheidet, ist hinlänglich bekannt. Denken Sie nur an die sogenannte Abwrackprämie.

Sie meinen das Jahr 2009. Da konnten wir beim Kauf eines Neu- oder Jahreswagens eine Umweltprämie von 2.500 Euro kassieren, wenn wir den mindestens neun Jahre alten Gebrauchten in die Schrottpresse gegeben haben.
Ja, und viele Menschen haben dies getan, obwohl der alte Wagen noch einwandfrei funktionierte. Noch erstaunlicher jedoch war: Selbst Automobile, für die der Besitzer im Weiterverkauf weitaus mehr als 2.500 Euro hätte bekommen können, wurden zu Schrott verarbeitet. Der Grund: Eine Prämie funktioniert wie ein Rabatt, durch den das Belohnungssystem im Gehirn aktiviert wird. Wir lassen alle Vernunftgründe fahren, sobald wir der Überzeugung sind, wir könnten etwas sparen oder einen Rabatt nutzen. Die Emotionen beherrschen uns.

Gibt es denn auch für den Fashion Retail ein entsprechendes Beispiel?
Denken Sie nur an den Einkauf einer Jacke. Dabei spielen selten rein rationale Gründe eine Rolle. Sicherlich – der Sportler sucht nach einer atmungsaktiven, wasserdichten Multifunktionsjacke. Aber für die meisten Menschen sind emotionale Aspekte wichtiger, die sie aber nicht rational und bewusst reflektieren. Der Kunde will mit „seiner" Jacke etwas zum Ausdruck bringen – zum Beispiel die Zugehörigkeit zu einer sozialen Gruppe oder seine Lebenseinstellung. Nach meiner Einschätzung erfolgen weit über 90 Prozent der Jackenkäufe aus diesen emotional-unbewussten Gründen.

Schritt 2 – Management

Entscheidend für unseren Zusammenhang ist, dass durch die konsequente Emotionalisierung des Kundenkontakts strategische Wettbewerbsvorteile aufgebaut werden können, die Einzigartigkeit gewährleisten und sich nicht so rasch kopieren lassen. Modehäuser, die dies erkannt haben, werden darauf achten, alle Kundenkontaktstellen und Kundenkommunikationskanäle zu emotionalisieren: von der Homepage über die Werbung bis hin zur konkreten Ausgestaltung der Filiale und der Kundenansprache im Laden durch entsprechend geschultes Personal. Und natürlich muss vor allem die angebotene Ware entsprechend präsentiert werden.

Umsetzungsmaßnahme 3:

Den Kunden auf allen Sinneskanälen ansprechen

Der Kunde wird beim Betreten des Modehauses mit einem Musikstück begrüßt, das er auch schon beim Betrachten der Schaufensterauslage hören kann. Diesem „**Soundlogo**" begegnet er im Laden immer wieder. Es verfestigt sich schließlich zu einem Ohrwurm, den der Kunde nicht mehr so rasch vergessen wird.

Christiane Gierke und Stephan Vincent Nölke betonen in ihrem Buch „Das 1 x 1 des multisensorischen Marketings": „Soundlogos sind so unkompliziert wie unsere Freunde, so kurz wie ein Aufblitzen der Freude und so allgegenwärtig, dass wir sie wie einen alten Bekannten auf der Straße treffen. Sie vermitteln uns als auditiver Markenextrakt die Kurzzusammenfassung der wichtigsten Markenattribute. Sie sind richtige kleine Markenbotschafter, die uns emotional ansprechen." Soundlogos können zu Jingles, Themensongs oder sogar Unternehmenshymnen ausgebaut werden.

Das visuelle Aushängeschild (etwa Schaufenster, Innenraumdekoration, Ladenbau, Beleuchtung, Fassadengestaltung) ist für jedes Modehaus das wichtigste und für jeden sichtbar. Darum ist es elementar, hier strategische Wettbewerbsvorteile aufzubauen, wie auch das Fallbeispiel Loop5 (siehe Seite 18) gezeigt hat.

Abercrombie & Fitch etwa verfolgt konsequent ein visuelles Reduktions-Konzept. Licht wird dort nur sparsam eingesetzt, auf Schaufenster komplett verzichtet. Stattdessen ertönt laute Musik und wabert betörend süßer Parfümduft durch die Gänge. Insbesondere für das Auge des Kunden lässt sich A&F etwas Besonderes einfallen – dazu gehören auch die männlichen Models mit Waschbrettbauch, die die Kunden im Eingangsbereich begrüßen.

Wie A&F fokussieren sich auch andere Modehäuser auf die Stimulation des olfaktorischen Sinns, des **Geruchssinns**. Dabei werden die Düfte zum Beispiel auf die jeweilige Kleinarena und die dort präsentierten Produkte abgestimmt. Bei dem spanischen Moderiesen Mango etwa – bekannt dafür, Trends von den internationalen Laufstegen in seine Läden zu holen – riechen die Läden überall gleich, weil Mango ein eigenes **Raumparfum** entwickeln ließ.

Kommen wir zum Geschmackssinn, zum gustatorischen Sinneskanal. Hier sind die Möglichkeiten, exquisite Geschmackserlebnisse für die Kundenansprache zu nutzen, eher eingeschränkt. Allerdings erleben wir es zum Beispiel in der Weihnachtszeit oder auch zu Ostern, dass mithilfe von Sonderaktionen auch der gustatorische Sinneskanal mit Gebäck oder Ähnlichem angesprochen werden kann.

Bleibt noch der **Tastsinn**. Selbstverständlich soll der Kunde die Ware anfassen, die Kleidung durch die Finger gleiten lassen, den Stoff erspüren, die Kleidung anprobieren, sie vor dem Spiegel wie auf einem Laufsteg spazieren führen und prüfen, ob sie zu Charakter und Persönlichkeit passt. Der Kunde kommt hautnah mit seinem Produkt in Berührung – im Textil- und Modebereich eine Selbstverständlichkeit.

Das heißt: Der Kunde sollte das Produkt sehen, hören, schmecken, riechen und fühlen können. Wichtig ist, die entsprechenden Signale dem Produkt und der Zielgruppe anzupassen. Wer Luxuskleidung verkaufen will, wird bei der Entwicklung des Soundlogos darauf achten, nicht irgendeine populäre Allerweltsmelodie zu kreieren.

Stopp, Herr Hinkel, ich habe da mal eine Frage!

Ich kann jetzt nachvollziehen, warum die Erkenntnisse der Hirnforschung für Verkauf und Marketing wichtig sind. Jetzt erfahre ich, warum ich mich auch noch mit den visuellen, auditiven, haptischen, gustatorischen und olfaktorischen Sinneskanälen beschäftigen soll. Muss ich mich um so klassische Dinge wie die Mitarbeiterführung denn gar nicht mehr kümmern?

Natürlich müssen Sie auch die Kunst der Mitarbeiterführung beherrschen, dazu kommen wir noch. Ich bin jedoch der Meinung: Etwas herzustellen oder einzukaufen und es zu verkaufen versuchen – das allein genügt nicht mehr. Wenn Sie strategische Wettbewerbsvorteile aufbauen und sich einen Vorsprung vor dem Wettbewerb verschaffen wollen, sollten Sie sich auch mit der **Psychologie der Kaufentscheidungen** und den Erkenntnissen des multisensorischen Marketings und Verkaufens auseinandersetzen. Das sollten Sie als Führungskraft in einer Branche, die stark von der Wahrnehmung des Produkts durch den Kunden abhängig ist, nicht außer Acht lassen.

So behaupten Sie sich gegen die Internet-Konkurrenz

Indem Kunden auf vielen, ja vielleicht sogar allen Sinneskanälen angesprochen werden, ist es möglich, vor der Konkurrenz einen Wettbewerbsvorsprung aufzubauen. Dabei sollte wiederum das Prinzip der Stimmigkeit beachtet werden – die Ansprache über die Sinneskanäle muss zur Gesamtstrategie des Modehauses passen und vor allem den Aspekt der Emotionalisierung des Kundenkontakts berücksichtigen.

Dieses Konzept der Stimmigkeit erlaubt es auch, sich gegen die zunehmende Konkurrenz zu behaupten, die dem Fashion Retail aus dem Internet erwächst. Dabei ist es schwierig, wenn nicht unmöglich, den Preiskampf gegen den Internet-Konkurrenten zu gewinnen – es gibt immer einen Anbieter im Netz, der billiger ist.

Wenn der Fashion Retail aber konsequent auf Differenzierung setzt, bauen die Modehäuser strategische Wettbewerbsvorteile auf, die von Internetanbietern uneinholbar und schlichtweg nicht zu kopieren sind. Dazu zählt natürlich die authentische und kompetente Beratung durch qualifizierte Mitarbeiter, die es verstehen, sich als reale – nicht virtuelle – Gastgeber voll und ganz auf den Kunden einzulassen, der hier und heute im Geschäft vor ihnen steht.

Und dazu zählen auch die Umsetzungsmaßnahmen des Highlander-Konzepts wie die emotionale und multisensorische Ansprache des Kunden.

Umsetzungsmaßnahme 4:
Wettbewerbsvorsprung durch kompetente und qualifizierte Mitarbeiter erzielen

Um strategische Wettbewerbsvorteile aufzubauen, benötigen Sie qualifizierte und motivierte Mitarbeiter, die bereit und fähig sind, den Kunden zu überzeugen und zu begeistern. Was dazu konkret notwendig ist, zeigen die weiteren Erfolgsbausteine.

Entscheidend ist aber zunächst einmal, sich der strategischen Bedeutung der Mitarbeiterkompetenzen bewusst zu werden. Denn es klang bereits an:

➤ Wer Mitarbeiter beschäftigt, die die verkäuferische und menschliche Kompetenz haben, den Kunden typorientiert und emotional anzusprechen und

➤ für ihn einzigartige Einkaufserlebnisse zu kreieren,

➤ besitzt einen Wettbewerbsvorsprung, der von der Konkurrenz nicht so rasch und leicht kopiert und eingeholt werden kann.

Um die richtigen Mitarbeiter mit den richtigen Kompetenzen einzustellen und die angestellten Mitarbeiter richtig weiterzubilden, ist ein regelmäßiger Kompetenz-Check notwendig. Dabei findet ein Abgleich statt zwischen den notwendigen Kompetenzen, über die ein Mitarbeiter verfügen sollte, und den Kompetenzen, die er tatsächlich hat. Der Abgleich zeigt die Kompetenzlücken auf, die durch Weiterbildungen geschlossen werden sollten.

Die Festlegung der unerlässlichen, also notwendigen Kompetenzen bildet zugleich die Grundlage für Neueinstellungen: Bereits in der Stellenausschreibung kann exakt beschrieben werden, welche Kompetenzen der neue Mitarbeiter beherrschen sollte. Das gilt für alle Hierarchieebenen – von den Führungspositionen bis hin zum Verkäufer vor Ort in der Filiale.

Schritt 2 – Management

Stopp, Herr Hinkel, ich habe mal wieder einen Einwand!

Sie sprechen davon, man müsse die richtigen Mitarbeiter mit den richtigen Kompetenzen einstellen und die angestellten Mitarbeiter richtig weiterbilden. Was mich stört, ist das Wörtchen „richtig". Was hier „richtig" ist, darüber kann man doch stundenlang streiten.
Nein, ganz und gar nicht. Zumindest solange Sie strategisch denken und handeln. Wenn Sie Ihre Vision kreiert und Ihre Strategie und Ihre Ziele definiert haben und genau wissen, welche Zielgruppe Sie ansprechen wollen, dann sind Sie in der Lage, die Kompetenzen zu bestimmen, die eine Führungskraft oder ein Mitarbeiter auf jeden Fall benötigen. Nämlich diejenigen Kompetenzen, die dazu beitragen, Vision, Strategie und Ziele zu verwirklichen.

Mit anderen Worten: Meine Strategie entscheidet auch darüber, welche Mitarbeiter ich brauche und welche Kompetenzen die Menschen haben müssen.
Richtig!

Führen Sie einen Kompetenz-Check durch

Der erste Schritt des Kompetenz-Checks besteht also darin, sich noch einmal die strategische Ausrichtung und die Ziele zu vergegenwärtigen, die erreicht werden sollen. Daraus wird der Kompetenz-Sollzustand abgeleitet, und zwar bezogen auf die verschiedenen Hierarchieebenen. In einer Filiale sind dies zum Beispiel der Filialleiter, die Abteilungsleiter und die Verkäufer.

Klar ist: Während beim Abteilungsleiter Kompetenzen wie etwa Führungsstärke, Delegationskompetenz und Motivationsfähigkeit im Vordergrund stehen, sind dies bei einem Verkäufer die verkäuferischen Kompetenzen und die Fähigkeit, eine Kundenbeziehung aufzubauen. Entscheidend ist, dass Sie für möglichst jede Position ein spezifisches Kompetenzprofil entwickeln, das dann mit dem Qualifikationsprofil eines Bewerbers oder mit dem Kompetenz-Istzustand der Mitarbeiter abgeglichen werden kann.

Ein Tipp: Rainer Skazel empfiehlt in seinem Buch „Erfolgsfaktoren von Spitzenverkäufern", dabei die Sichtweise des Arbeitsplatzes selbst einzunehmen, sich mithin zu fragen,

➤ wie der Arbeitsplatz sich quasi selbst beschreiben würde,

➤ wie er aus seiner Sicht am besten ausgefüllt werden könnte und

➤ was in Zukunft von diesem Arbeitsplatz verlangt werden wird.

Die Beantwortung dieser Fragen und die strategische Ausrichtung und Zielsetzung, die verfolgt wird, haben eine bedeutsame Konsequenz: Sie können ein realistisches und vor allem strategieorientiertes Kompetenz-Bild von dem jeweiligen Arbeitsplatz und dem Menschen, der ihn ausfüllen soll, malen.

Ein Fehler ist es, wenn die Fachkompetenz zu einseitig betont wird. Sicherlich: Es ist wichtig, sich mit der Branche „Fashion", der Zielgruppe und den Produkten auszukennen und das kleine und große Verkaufs-1x1 zu beherrschen. Darüber darf jedoch nicht der Blick auf die sozialen und emotionalen Kompetenzen und auf die Fertigkeiten verloren gehen, die im **Verhaltensbereich** angesiedelt sind. Der Verkäuferberuf ist und bleibt ein **Verhaltensberuf**. Erfolgsentscheidend ist es, zum Kunden ein Band der Sympathie zu knüpfen. Darum spielen Charaktereigenschaften und soziale Kompetenzen eine wichtigere Rolle als die Fachkompetenz.

Hinzu kommt: Es genügt nicht, ein Topverkäufer zu sein – der Verkäufer muss auch ins und zum Mitarbeiterteam passen und im Rahmen des Gesamtteams einen Part einnehmen, der nicht schon von anderen Kollegen besetzt ist. Wem nützt der fünfte dominante „Macher-Typ" im Team, wenn zugleich niemand in der Lage ist, auf besonnene Art und Weise emotionale Beziehungen zum Kunden aufzubauen? Es braucht neben dem Topverkäufer auch Mitarbeiter, die Aufgaben erfüllen, die nicht so spektakulär sind: das Lager ein- und aufräumen, Waren aus dem Lager holen, den Warenbestand kontrollieren und Regale auffüllen.

Im Modebereich kommt des Weiteren ein Aspekt hinzu, der oft gerne mit dem Mantel des Schweigens zugedeckt wird: das Aussehen eines Menschen, sein Benehmen und sein äußeres Erscheinungsbild. In Führungstrainings trauen sich viele Führungskräfte an dieser Stelle nicht, eindeutig Position zu beziehen. Die Political Correctness veranlasst sie, Selbstverständlichkeiten nicht beim Namen zu nennen.

Weil sich mit Extrembeispielen die Dinge so schön auf den Punkt bringen lassen: Es ist mit einiger Wahrscheinlichkeit kontraproduktiv, im hochpreisigen Luxussegment einen

Verkäufer agieren zu lassen, der ein ungepflegtes Äußeres hat oder ein von Piercings dominiertes Gesicht. Es muss nicht immer zutreffen: Aber selbst der charismatischste Topverkäufer könnte dann Probleme mit der exklusiven Zielgruppe bekommen.

Viele Führungskräfte vertrauen auf die Kraft der „ungeschriebenen Gesetze" und hoffen darauf, dass die Mitarbeiter diese Gesetze kennen und sich daran halten. Und zuweilen geht die Angst um, der Diskriminierung bezichtigt zu werden. Trotzdem: Ehrlicher wäre es, einen Weg zu finden, dieses Thema offen zu kommunizieren.

Stopp, Herr Hinkel, ich habe mal eine Frage!

Ich kann mir gut vorstellen, wie zum Beispiel ein Regionalleiter für seine Filialleiter, Abteilungsleiter und das Verkaufspersonal ein Anforderungsprofil entwirft, also die Kompetenzen beschreibt, die notwendig sind, die Unternehmensziele zu verwirklichen. Aber ist es nicht schwierig, dann den Kompetenz-Istzustand, also den genauen Ausprägungsgrad einer Kompetenz zu bestimmen, sie also objektiv bei einem Mitarbeiter zu messen? Für den Anfang genügt es, wenn Sie auf der Basis Ihrer praktischen Erfahrungen den Arbeitsplatz und die dafür unerlässlichen Kompetenzen beschreiben und dann mithilfe von Schulnoten den Kompetenz-Istzustand bewerten. Oder Sie arbeiten mit der Kategorisierung „voll erfüllt – erfüllt – teilweise erfüllt – nicht erfüllt".

Die folgende – vereinfachte und unvollständige – Checkliste (Abbildung 11) gibt erste Anregungen, welche Kompetenzen im Fashion Retail zielführend sein könnten und wie sich Kompetenzlücken im Führungs- und Personalbereich aufdecken und schließen lassen. Sie umfasst auch hierarchieübergreifende Kompetenzen; die Herausforderung besteht darin,

▶ die Kompetenzfelder im Hinblick auf die Vision, die Strategie und die Ziele so genau und detailliert wie möglich zu konkretisieren und

▶ die Checkliste auf die einzelnen Positionen und Hierarchieebenen (Verkäufer, Abteilungsleiter, Filialleiter) zu beziehen.

Schritt 2 – Management

Kompetenz-Check für Führungskraft/Mitarbeiter

Unerlässliche Kompetenzen	Ist-Ausprägung (Schulnoten, Erfüllungsgrad)	Maßnahmen, um Kompetenzlücke zu schließen
Fachkompetenzen ➤ Produktkenntnisse ➤ Kassenabwicklung ➤ ...		
Persönlichkeit ➤ Selbstreflexion ➤ Zielorientierung ➤ Leistungsmotivation ➤ Werteorientierung ➤ Integrität ➤ Selbstkompetenz ➤ Durchsetzungsvermögen ➤ Belastbarkeit ➤ Veränderungsbereitschaft ➤ Entscheidungsfähigkeit ➤ Ergebnisorientierung ➤ ...		
Soziale Kompetenz ➤ Zusammenarbeit ➤ Teamfähigkeit ➤ Kritikfähigkeit ➤ ...		
Kommunikationskompetenz ➤ Aktives Zuhören ➤ Fragetechniken ➤ Argumentationskompetenz ➤ ...		
Verkaufskompetenz ➤ Kundenorientierung ➤ Beziehungsmanagement ➤ Gesprächsführung ➤ Körpersprache/Blickkontakt ➤ Umgang mit Beschwerden ➤ ...		
Führungskompetenz ➤ Mitarbeiterorientierung ➤ Teamführung ➤ Motivationsfähigkeit ➤ Delegationskompetenz ➤ Verhandlungskompetenz ➤ Organisationsgeschick ➤ ...		

Abbildung 11

Diese Checkliste finden Sie als Download unter www.dfv-fachbuch.de/Hinkel

Schritt 2 – Management

Umsetzungsmaßnahme 5:
Von den Besten lernen – Benchmark-System im Fashion Retail

Eine weitere Option, strategische Wettbewerbsvorteile aufzubauen, besteht darin, das Rad nicht immer wieder aufs Neue erfinden zu müssen. Warum nicht das, was gut funktioniert und sich bewährt hat, auf die eigene Situation übertragen?

Im filialisierten Fashion Retail heißt dies zum Beispiel, eine Innovation, die sich in Kiel bewährt hat, auf die Filialrealität in München zu übertragen. Wenn es in Kiel gelungen ist, mit einer neuartigen Kundenansprache oder einer Kundenoffensive neues Publikum zu begeistern, sollte geprüft werden, ob sich dies auf die anderen Filialen übertragen lässt.

Und wenn ein kreativer Mitarbeiter in Aachen eine ungewöhnliche Idee zur Schaufensterdekoration mit Erfolg etabliert hat, besagt das Konzept der innovativen Imitation, dies auch in Leipzig auszuprobieren und dabei auf die hiesigen besonderen Filialumstände Rücksicht zu nehmen.

Und selbstverständlich spricht nichts dagegen, bei der Wettbewerbsanalyse und Standortbeobachtung darauf zu achten, ob der Konkurrent eine Idee verwirklicht hat, die auch der eigenen Filiale gut zu Gesicht stünde. Hier hilft das Konzept der „Verbesserung durch Walking around" weiter.

Stopp, Herr Hinkel, ich habe da mal eine Frage!

Was meinen Sie mit „Verbesserung durch Walking around"?
Konkretes Beispiel: Die Wettbewerbsbeobachtung durch den Regionalleiter insbesondere in großen Städten und in Einkaufscentern führt oft zu kreativen Ideen für die eigene Filialgestaltung. Ein Gang zu Fuß durch die Stadt und der Besuch der Konkurrenzgeschäfte nach dem Motto „Schau dich schlau!" lassen ihn durchaus Chancen – und auch Gefahren – am Standort erkennen. Der Regionalleiter sollte aber auch branchenübergreifend denken. Vielleicht hat die Apotheke oder der Metzgerladen eine neuartige Möglichkeit der Kundenansprache und Kundenbindung

verwirklicht, an die sich anknüpfen lässt. Aber Achtung: Es soll und darf nicht einfach kopiert werden. Die Idee muss innovativ und kreativ imitiert werden!

Der Gedanke „Von den Besten lernen" lässt sich überdies in der eigenen Filiale mit Leben füllen. Nehmen wir an, es ist in der einen Abteilung durch ein neues Timing in der Kundenansprache gelungen, den Kunden für die Kundenkarte zu begeistern: Ein Pärchen kauft für „ihn" eine neue Jeans. Während der junge Mann in der Kabine mehrere Hosen anprobiert, spricht der Verkäufer die Begleiterin an: „Kennen Sie eigentlich schon die Vorteile unserer Kundenkarte? ... Nein? ... Darf ich Ihnen dann kurz darstellen, wie ..." Dann sollte diese Vorgehensweise und innovative Idee auch in den anderen Abteilungen bekannt gemacht werden.

Und wenn der Erfolg dieser Kundenansprache als Verbesserungsvorschlag an die Filialzentrale weitergeleitet wird, sorgt sie vielleicht auch im Gesamtunternehmen für Furore und führt dazu, dass immer mehr Kundenkarten in Umlauf kommen.

Die Information muss fließen

Wichtig bei all diesen Beispielen: Die Information muss fließen. Offene Kommunikations- und Informationswege führen dazu, dass gute Ideen und verwirklichte Innovationen an alle kommuniziert werden, die es interessieren könnte und die „von den Besten lernen" wollen. Das Schwarze Brett, Mitarbeitermeetings, aber auch ein intelligenter E-Mail-Verteiler sorgen dafür, dass die Abteilung „HAKA" von der Abteilung „DOB" lernen kann.

Um sich auf der Ebene des gesamten Filialnetzes zum lernenden Unternehmen entwickeln zu können, müssen die entsprechenden Ideen und Umsetzungsbeispiele an die Zentrale kommuniziert werden. Das gilt für die Topidee in der Kieler Filiale ebenso wie für die Innovation im Einkaufscenter, die der Regionalleiter bei seiner Wettbewerbsbeobachtung entdeckt hat. Die Zentrale schließlich leitet die Idee nach der Analyse und in Verbindung mit Umsetzungsvorschlägen an die entsprechenden Filialen weiter.

Schritt 2 – Management

Um strategische Wettbewerbsvorteile aufbauen zu können, ist Zeit zuweilen Geld. Notwendig ist mithin die Installation eines sinnvollen und effektiven Informationssystems, das den Transport aller relevanten Verbesserungsvorschläge und Ideen im gesamten Filialnetz sicherstellt. Die bedeutendste Rolle spielen dabei die Regionalleiter und die Verkaufsleiter. Sie stehen in der Verantwortung, diejenigen Informationen, die auch für andere Filialen und das Filialnetz relevant sind, zu kommunizieren.

Umsetzungsmaßnahme 6:
Aufbau strategischer Wettbewerbsvorteile durch stimmigen Filialaufbau

Stopp, Herr Hinkel, ich habe da mal eine Frage!

Bevor Sie mit der Darstellung dieser Umsetzungsmaßnahmen beginnen: Ist es nicht eine Selbstverständlichkeit, einen optimalen Filialaufbau anzustreben? Dadurch lassen sich doch nicht ernsthaft strategische Wettbewerbsvorteile aufbauen, die einen Vorsprung vor dem Konkurrenten gewährleisten!

Als Berater und Trainer habe ich einen guten Überblick über die diesbezügliche Vorgehensweise der Modehäuser. Und da gab es zum Beispiel ein Unternehmen, das Lifestyle-Produkte im mittelpreisigen Bereich anbot. Wenn Sie jedoch eine Filiale dieser Kette betreten haben, empfingen Sie 3er-Wände mit zu eng gehängter, ja geradezu gequetschter Hängeware. Die Liegeware war viel zu hoch gestapelt, die Kapazität der Schränke mehr als ausgelastet. Die Bestückung der Fläche und der Filialaufbau passten also überhaupt nicht zu dem Anspruch, Kunden im Lifestyle-Bereich anzusprechen. Das zeigt: Ein zu hoher Warendruck, eine zu hohe Kapazitätsauslastung der Fläche, lässt den gesamten Filialaufbau sehr unruhig erscheinen. In Zahlen ausgedrückt: 15 bis 20 Teile pro Quadratmeter Verkaufsfläche sind für den mittelpreisigen Lifestyle-Bereich angemessen. 30 Teile und mehr pro Quadratmeter passen eher zum Discounter. Bei bis zu zehn Teilen pro Quadratmeter befinden wir uns im Hochpreissegment.

Wollen Sie damit sagen, dass es eine optimale Sollbestückung der Fläche gibt? Und wenn man diese Sollbestückung einhält, entstehen Wettbewerbsvorteile?

Nein, so einfach mache ich es Ihnen und mir nicht. Lassen Sie mich aber in diesem Zusammenhang nochmals den Aspekt der Stimmigkeit ansprechen. Sie erinnern sich: Der Aufbau der strategischen Wettbewerbsvorteile steht immer in einem Kontext und in Abhängigkeit zur angestrebten Strategie. Und darum sage ich ganz deutlich: Wer sich im mittelpreisigen Segment mit hohem Qualitätsanspruch an ein zwar nicht exklusives, aber doch anspruchsvolles Publikum wendet, muss darauf achten, die Ware entsprechend zu präsentieren und den Filialaufbau, die Flächenbestückung und den Warenbestand auf die Strategie abzustimmen.

Ein optimaler Filialaufbau liegt dann vor, wenn er zur Strategie passt. In vielen Modehäusern ist dies in der Anfangsphase auch so gewährleistet: Immerhin hat zum Beispiel die Länderleitung vor der Einrichtung einer Filiale die entsprechenden strategischen Überlegungen angestellt. Ein Architekt hat dann einen darauf abgestimmten Grundriss für die Filiale erarbeitet – etwa mit großzügigen Räumlichkeiten, breiten Laufzonen, einer der Strategie angemessenen Ausstattung mit Schränken, Wänden, Geradvorzeigern, Gondeln und Ständern. Auch die Farbgestaltung ist unter wirkungspsychologischen Aspekten auf die Zielgruppe abgestimmt.

Doch dann bricht zuweilen das Chaos aus. Das liegt daran, dass alle Beteiligten – die Verkäufer, die Abteilungsleiter, der Filialleiter, aber auch die anderen Führungskräfte bis hin zum Länderleiter – nicht genügend darauf achten, dass die vorgegebene Flächenbestückung und Flächenaufteilung konsequent beibehalten wird. Das hat auch mit einer falschen Einkaufspolitik zu tun und führt zu dem folgenden Szenario:

➤ Es wird zu viel Ware bestellt.

➤ Weil das Personal die Ware nicht im Lager verkümmern lassen will, sondern präsentieren möchte, werden die Laufwege mit Ständern zugestellt. Die Ware wird zu hoch gestapelt, die Wände und Schränke bersten.

➤ Es werden weitere Ständer dazugestellt, eine für knapp 2.500 Teile ausgestattete Fläche bricht – bildlich gesprochen – unter der Last von über 3.500 Teilen auseinander.

➤ Die Filialleitung ist nicht in der Lage, diese Fehlentwicklungen zu erkennen und zu beseitigen.

Schritt 2 – Management

➤ Aus Platzmangel werden Blusen nicht gehängt, sondern gelegt.

➤ Die Themenstruktur auf der Fläche wird aufgeweicht: Mithilfe einiger Wandeinheiten wird ein bestimmtes Produkt präsentiert. Doch durch den zu hohen Warendruck sieht sich das Personal genötigt, Armständer vor die Wände zu stellen.

➤ Weil die Flächenkapazität immer mehr überstrapaziert wird, fühlen sich die Kunden in der Filiale nicht mehr wohl. Es entstehen negative Gefühle, der Kundenkontakt wird emotionalisiert – aber auf eine kontraproduktive Art und Weise. Die Kunden halten sich nicht gerne in der Filiale auf.

Dieses Schreckensszenario, das in der Realität leider viel zu häufig anzutreffen ist, ließe sich weiterspinnen. Durch den zu hohen Warendruck sieht sich die Leitung genötigt, die Preise zu senken – nach dem Motto: „Wir müssen dem Warendruck durch hohe Verkäufe begegnen – koste es, was es wolle!" Ladenaufbau, Warenbestand und Warenpräsentation sind nicht mehr auf die **strategische Ausrichtung** abgestimmt.

Zugleich heißt das: Nur wenn die zwei Aspekte konsequent aufeinander bezogen sind, lassen sich strategische Wettbewerbsvorteile auf- und ausbauen.

**Praxistransfer und Fazit –
Ihr Weg zum Aufbau strategischer Wettbewerbsvorteile im Überblick**

◆ Legen Sie Ihre Vision fest.

◆ Leiten Sie daraus Ihren strategischen Leitsatz und Ihre Ziele ab.

◆ Entscheiden Sie, welche Strategie am besten dabei hilft, sich von der Konkurrenz abzuheben und in der Wahrnehmung der Kunden den Status der Einzigartigkeit aufzubauen.

◆ Verwirklichen Sie das Highlander-Konzept, indem Sie die folgenden Umsetzungsmaßnahmen ergreifen:

- Klären Sie Ihre Rolle als Gastgeber, gestalten Sie die Filiale als zielgruppenbezogene Wohlfühlzone.

- Emotionalisieren Sie wo immer möglich den Kundenkontakt und die Kundenkommunikationskanäle.

- Sprechen Sie Ihre Kunden auf möglichst vielen Sinneskanälen an.

- Entwickeln und verwirklichen Sie ein strategieorientiertes Personalentwicklungskonzept. Sie brauchen Menschen, die über Kompetenzen verfügen, die dazu beitragen, Ihre Ziele zu realisieren.

- Verwirklichen Sie in Ihrem Filialnetz und in den einzelnen Filialen das Konzept „Von den Besten lernen".

- Achten Sie darauf, dass der Filialaufbau und die Warenpräsentation zu 100 Prozent auf Ihre Strategie abgestimmt sind.

Schritt 3

Führung – als Führungskraft erfolgreich mit sich selbst und den Mitarbeitern umgehen

Erfolgsbaustein 4

„Erkennen Sie sich selbst und bleiben Sie, wer Sie sind!"

Warum lesen?

➤ Nur wer sich selbst kennt und einschätzen kann, ist auch in der Lage, andere Menschen zu führen. Darum besteht der erste Schritt zur exzellenten Mitarbeiterführung in der Selbsterkenntnis.

➤ Sie lernen mit dem Persönlichkeitsdiagnostiktool Insights MDI® ein Instrument kennen, mit dem Sie Ihr eigenes Persönlichkeitsprofil und das Ihrer Mitarbeiter und Kunden einschätzen können.

➤ Sie erfahren, wie Sie Ihre (Führungs-)Stärken noch weiterausbauen und Ihre Schwächen auf ein für Ihr Umfeld akzeptables Maß abmildern.

Schritt 3 – Führung

Ein Fallbeispiel

Wer Menschen führen will, muss sich selbst kennen

Es hat sich bewährt, mit einem Fallbeispiel zu beginnen: Vor einigen Jahren – ich war für ein Textilhaus tätig – hatte ich einen Vorgesetzten, dem eine große Karriere vorhergesagt wurde. Er war streng und führte autoritär, war dabei aber gerecht und ehrlich. Seine häufig sehr dominante Art der Führung wurde von allen akzeptiert, obwohl er mehr aufgaben- als menschenorientiert führte. Aber: In schwierigen Momenten stand er hinter uns – oder besser gesagt: schützend vor uns. Zuweilen ging mir sein Hang zur Besserwisserei ein wenig zu weit. Trotzdem: Ich habe selten eine effizientere Führungskraft kennengelernt. Dieser Filialleiter wurde von den Mitarbeitern zwar nicht geliebt, aber geachtet.

Er verließ schließlich unser Haus, ging in eine größere Filiale nach München, die allgemein als Sprungbrett zum Regionalleiter, dann zum Verkaufsleiter angesehen wurde. Kurz vor seinem Weggang führte ich ein interessantes, fast schon privates Gespräch mit ihm. Ich erfuhr: Er selbst empfand sich überhaupt nicht als dominanter Chef, man kann wohl sagen, er gab sich so, wie er war, ohne darüber zu reflektieren.

In der neuen Filiale schien seine Karriere jedoch zu stagnieren. Der Grund: Das Team in München war einen sehr beziehungsorientierten Führungsstil gewohnt und kam mit der autoritären Ader meines früheren Chefs nicht zurecht. Es fiel ihm schwer, einen Zugang zu den neuen Mitarbeitern zu finden. Es dauerte einige Zeit, bis er auf den Gedanken kam, dass das schlechte Verhältnis zu den Verkäuferinnen und Verkäufern und den Abteilungsleitern etwas mit seiner dominanten Ader zu tun haben könnte. Schließlich versuchte er dann doch noch, den kooperativen Führungsstil anzuwenden und sich den Mitarbeitern zu öffnen. Allerdings kam dies anbiedernd und unglaubwürdig bei den Mitarbeitern an. Er schaffte jene 180-Grad-Wende nicht, denn ihm fehlte das Bewusstsein dafür, dass er von seinem Persönlichkeitsprofil her nicht in der Lage war, die Mitarbeiter auf einer auch persönlichen Ebene anzusprechen.

Was hätte mein früherer Chef anders machen können? Im Rückblick wäre es wahrscheinlich zielführender gewesen, er hätte leichte Veränderungen an seinem bevorzugten Führungsstil vorgenommen. So wäre es vielleicht gelungen, die „beziehungsverwöhnten" Mitarbeiter in der Münchener Filiale in den Griff zu bekommen.

Schritt 3 – Führung

Nur in einer Führungssituation war er erfolgreich: Als ein Ladendiebstahl durch einen Mitarbeiter aufgeklärt werden musste, ging er der Angelegenheit unnachgiebig nach und konnte den Vorfall zur Zufriedenheit seines Regionalleiters aufklären. Natürlich hat ihm seine zielorientierte Art und Weise der Mitarbeiterführung dabei sehr geholfen.

Jetzt, da ich als Berater für den Fashion Retail arbeite, ist dies ein Paradebeispiel für mich. Es zeigt, dass

➤ eine Führungskraft nur dann Menschen in jeder Situation führen kann, wenn sie in der Lage ist, über sich selbst zu reflektieren und ihr Persönlichkeitsprofil einzuschätzen und

➤ eine Führungskraft einen Führungsstil entwickeln sollte, die mit ihrem Persönlichkeitsprofil kongruent ist, also übereinstimmt.

Stopp, Herr Hinkel, ich habe da mal eine Frage!

Natürlich ist es günstig, wenn Unternehmenskultur und Führungsstilausprägung etwa eines Filialleiters harmonieren. Das hat Ihr ehemaliger Chef ja in der ersten Filiale bewiesen.
Richtig, da passten die Dinge einfach zusammen.

Aber sollte eine Führungskraft nicht in der Lage sein, ihr Führungsverhalten der Situation und dem jeweiligen Mitarbeiter anzupassen?
Doch, diese Fähigkeit sollte sie besitzen. Auf die Vorteile des situativen Führungsstils kommen wir im nächsten Erfolgsbaustein noch zu sprechen. Mir geht es jetzt um Folgendes: Eine Führungskraft muss wissen, wie sie auf andere wirkt. Dazu sollte sie ihr Persönlichkeitsprofil einschätzen können. Ich nenne ein Beispiel: Nehmen wir an, ein Filialleiter ist sehr willensstark, dominant und zielstrebig. Eine seiner Stärken in der Gesprächsführung liegt im zielgerichteten Vorgehen. Er kommt schnell auf den Punkt und übernimmt gern die Verantwortung für die Gesprächsführung.

Schritt 3 – Führung

Also ich denke doch, dass es zahlreiche Situationen gibt, in denen diese Persönlichkeitsstruktur als eine Stärke bezeichnet werden darf: etwa in der Teamsitzung, für die nur wenig Zeit zur Verfügung steht, oder in einem Gespräch mit einem Mitarbeiter, der klare Handlungsanweisungen benötigt.

Richtig. Doch was geschieht, wenn dieser zielorientierte Filialleiter in einem Konfliktlösungsgespräch auf einen Mitarbeiter trifft, der sich durch die Impulsivität des Vorgesetzten schnell einschüchtern lässt? Oder auf eine Verkäuferin, die ebenso dominant veranlagt ist, so dass nun zwei starrköpfige Personen aufeinanderprallen, von denen jeder auf der Durchsetzung seiner Konfliktlösung beharrt? Mögliche Folgen sind: Jener Mitarbeiter lässt sich durch die Dominanz des Filialleiters verschrecken und leistet kaum einen konstruktiven Beitrag zur Konfliktlösung – seine Ideen zur Konfliktlösung werden gar nicht erst gehört. Das Gespräch mit der Verkäuferin hingegen droht zu eskalieren, weil Chef und Mitarbeiterin nicht in der Lage sind, sich auf die Position des Gegenübers einzulassen und dessen Argumenten Gehör zu schenken. Ich behaupte: Hätte der Filialleiter mehr Selbstkenntnis – und damit auch Menschenkenntnis besessen – hätten sich alle Beteiligten eine Menge Frust und Ärger ersparen können.

Beispiel: So erweitern Sie Ihre Selbst- und Menschenkenntnis mithilfe einer Persönlichkeitstypologie

Wie lässt sich das eigene Persönlichkeitsprofil einschätzen? Sicherlich durch Selbstreflexion und unter Zuhilfenahme des gesunden Menschenverstandes. Allerdings: Hilfreich in diesem Zusammenhang ist es, eine Persönlichkeitstypologie als unterstützendes Analyseinstrument zu nutzen.

Zu den renommierten Erklärungsmodellen menschlichen Verhaltens gehört das Insights MDI®-Modell. Es lässt sich für die Selbsterkenntnis und die Mitarbeiterführung gleichermaßen einsetzen. Mit dem Persönlichkeitsdiagnostiktool können die Verhaltenspräferenzen von Menschen objektiv, zuverlässig und valide gemessen werden.

Zu den theoretischen Grundlagen des Modells sei in aller Kürze gesagt, dass seine Wurzeln auf Forschungen des Psychologen Carl Gustav Jung zurückgehen. Sie stützen sich zudem auf Erkenntnisse von Jolande Jacobi und dem amerikanischen Psychologen William Moulton Marston. Durch das Insights Management Development Instrument (MDI), dessen Master-Lizenznehmer für den deutschsprachigen Raum Frank M. Scheelen ist, lassen sich 60 individuelle Persönlichkeitsprofile beschreiben.

Die Verhaltensdiagnose beruht auf einem Fragebogen, auf dem Eigenschaftswörter angekreuzt werden und der mithilfe eines Computerprogramms ausgewertet wird. Die praktische Bedeutung des Modells kommt zustande, weil es vier Grundtypen unterscheidet, zu deren Beschreibung zahlreiche eingängige Metaphern herangezogen werden. Jedem Typ werden eine typische Motivationsstruktur sowie bestimmte Schwächen und Stärken zugeschrieben.

Stopp, Herr Hinkel, ich habe einen Einwand!

Ich bin bei diesen Versuchen, die Vielfalt der menschlichen Persönlichkeit in ein Schema zu pressen, immer etwas skeptisch.
Für Insights gilt wie für jede Typologie: Durch das Modell kann selbstverständlich nicht die gesamte Persönlichkeit, sondern immer nur ein definierter Verhaltensausschnitt erfasst werden. Dessen sollte man sich als Anwender bewusst bleiben. Solche Persönlichkeitsdiagnostiktools bieten Ihnen jedoch eine wertvolle Hilfestellung, solange Sie der computergestützten Auswertung die eigenen Beobachtungen und Einschätzungen der Persönlichkeit zur Seite stellen. Ein unbestreitbarer Vorteil aber ist: Wer sich eines **Persönlichkeitsdiagnostiktools** bedient, verfügt über ein Vokabular, um die Persönlichkeit eines Menschen sehr anschaulich zu beschreiben.

Insights MDI® – die vier Grundtypen

Die vier Farb- und Grundtypen sind von Frank M. Scheelen in zahlreichen Büchern beschrieben worden – so auch in dem Buch „Menschenkenntnis auf einen Blick. Sich selbst und andere besser verstehen", das die Grundlage für die folgenden Beschreibungen ist. Ich habe sie meinen Erfahrungen in der Textilbranche leicht angepasst.

Die Grundtypen lassen sich auf verschiedene Gruppen beziehen – im Mittelpunkt stehen nun die Führungskräfte. Denn die Beschreibungen sollen Ihnen helfen, eine erste Selbsteinschätzung vorzunehmen.

Der rote Farbtyp: der dominante Direktor

Rote Führungskräfte sind Macher und Entscheider. Sie sind dominant, extrovertiert und fordernd, sie treten entschlossen und willensstark auf und gehen sehr sach- und zielgerichtet sowie ergebnisorientiert vor. Oft treten sie anderen Menschen gegenüber autoritär auf. Sie haben ihre Ziele klar vor Augen und wissen sehr genau, wie sie sie erreichen. Sie finden ihre Erfüllung in ständiger Aktivität und Handlungsbereitschaft. Unentschlossenheit, Zögern und Zaudern halten sie für Schwächen. „Lieber falsch entschieden als zu lange gewartet", so ihre Überzeugung. Und von der Richtigkeit ihrer Entscheidungen sind sie stets felsenfest überzeugt.

Rote Führungskräfte sagen, was sie denken – mit dieser Haltung verletzen sie andere Menschen oft. Auf der anderen Seite können sie durchaus Kritik an ihrer Person vertragen – man darf aber nie ihren Führungsanspruch in Frage stellen.

Dominante Direktoren-Typen sind sehr kritisch, erkennen aber die Leistungen anderer Menschen gebührend an. Oft verfügen sie über eine hohe motivatorische Kraft.

Rote Typen können auf andere aggressiv wirken. Zu ihren Schwächen gehört, dass sie zu ungeduldig sind, nicht richtig zuhören und zuweilen zu schnell zur Sache kommen, ohne in Ruhe darüber reflektiert zu haben.

Der gelbe Farbtyp: der initiative Inspirator

Die gelben Führungskräfte werden als initiativ, umgänglich und fröhlich, offen, überzeugend und redegewandt beschrieben. Sie verfügen über eine positive Ausstrahlung und sind bemüht, mit anderen Menschen gute Beziehungen aufzubauen. Wie der feuerrote Typ sind sie extrovertiert veranlagt.

Sie kommen mit anderen Menschen sehr rasch ins Gespräch, sind gern gesehene Partygäste und oft „Stimmungskanonen".

Der gelbe Farbtyp ist kreativ, lässt sich gerne von Neuem anregen und entwickelt immer wieder selbst Ideen. Seine Vorschläge und Ideen sind oft genial, aber manchmal auch unrealistisch. An der anstrengenden und mühsamen Umsetzung hat der Inspirator zuweilen wenig oder kein Interesse. Er will lieber als Visionär seinen Träumen nachhängen.

Seine Widersacher sind die Detailverliebten, die sich nicht von seiner Begeisterung und seinem Elan mitreißen lassen, sondern seine Inspirationen so lange hinterfragen, bis sie in sich zusammenfallen.

Der gelbe Typ wirkt zuweilen oberflächlich. Selten übernimmt er die Verantwortung für bestimmte Entscheidungen. Vor allem nicht, wenn etwas schiefgeht. Er liebt ein kollegiales, lockeres Umfeld, in dem sich jeder frei ausleben kann.

Stopp, Herr Hinkel, ich habe da mal eine Frage!

Wenn ich es richtig verstehe, ist der rote Farbtyp die bessere Führungskraft, weil er entscheidungsfreudig und zielorientiert vorgeht?
Nein, es geht hierbei nicht um die Frage, wer die bessere oder schlechtere Führungskraft ist. Denn ob eine Persönlichkeitseigenschaft eine Stärke ist, erweist sich immer nur im konkreten Kontext der Führungssituation oder im Umgang mit dem Mitarbeiter, mit dem die Führungskraft zu tun hat. Hinzu kommt: Ist ein Charakterzug zu stark ausgeprägt, kann eine vermeintliche Stärke in eine Schwäche umschlagen.

Ein Beispiel, bitte.
Bleiben wir bei der roten Führungskraft. Deren zielgerichtete Dominanz führt dazu, dass sie ihrem Gesprächspartner nicht richtig zuhört. Sie kann sich nicht auf den Mitarbeiter einlassen und ihn dann auch nicht motivierend führen. Bedenken Sie zudem: Bei den Farbtypen handelt es sich um Idealtypen. In der Realität verfügt jeder Mensch über Anteile an allen vier Typen. Man kann aber schon sagen, dass bei jedem Menschen ein Anteil überwiegt.

Der grüne Farbtyp: der stetige Unterstützer

Grüne Führungskräfte sind introvertiert veranlagt – und handeln trotzdem emotional. Sie können als stetig, achtsam, mitfühlend, einfühlsam und geduldig bezeichnet werden. Sie gelten als beständig und zuverlässig und sind stets besorgt um das Wohl ihrer Mitmenschen, mit denen sie eine möglichst spannungsfreie und kooperative Beziehung aufbauen möchten. Das gilt natürlich auch für ihre Mitarbeiter. Sie lieben eine Sicherheit bietende Umgebung, in der sie sich auskennen, und reagieren auf Unklarheiten verstört.

Der grüne Farbtyp ist oft das, was man als „echten Freund" bezeichnet. Er liebt sein Familienleben und hat meistens nur einige wenige, aber dann sehr gute Freunde. Aufgrund dieser Persönlichkeitseigenschaften ist er am Arbeitsplatz der geborene Teamplayer, der es versteht, sich auf andere mitfühlend einzustellen und Rücksicht auf andere zu nehmen. Selten stellt er die eigenen Interessen über die Interessen anderer Menschen – er behält das „große Ganze" im Blickfeld.

Andererseits gilt: Mit ihrer schweigsamen Art hat die grüne Führungskraft zuweilen Schwierigkeiten, andere zu motivieren und zu begeistern. Zudem strahlt sie grundsätzlich Unentschiedenheit und Skepsis aus. Das macht es schwer, von ihr eine klare Aussage zu bekommen.

Stopp, Herr Hinkel, ich habe noch eine Frage!

Wird die grüne Führungskraft nicht häufig ausgenutzt – auch von den Mitarbeitern? Das kann passieren. Aber wieder gilt: Es kommt auf den Kontext an. Stellen Sie sich ein Textilunternehmen vor, das von einem Konkurrenten übernommen wird oder aus anderen Gründen in eine schwirige Situation gerät. Würde der grüne Teamplayer es nicht verstehen, die Mitarbeiter zu beruhigen, sich in die Mitarbeiter hineinzuversetzen und in dieser Situation angemessen zu reagieren? Angemessener jedenfalls als der dominante und impulsive rote Farbtyp oder der sachliche blaue Beobachter, den Sie noch kennenlernen werden?

Einspruch! Die rote Führungskraft würde es besser verstehen, die Interessen der Mitarbeiter gegenüber der neuen Geschäftsleitung durchzusetzen. Zudem braucht der grüne Farbtyp eine sichere Umgebung. Welche Auswirkungen wird die Übernahme auf ihn selbst haben?

Ihr Einspruch zeigt: Es gibt keine einfachen Patentlösungen. Aber darum ist es umso wichtiger, dass Sie als Führungskraft, dass jede Führungskraft im Fashion Retail in der Lage ist, die eigene Persönlichkeit einzuschätzen. Sie sollten wissen, wie Sie in welcher Situation mit hoher Wahrscheinlichkeit reagieren und wie Sie von anderen wahrgenommen werden.

Der blaue Farbtyp: der gewissenhafte Beobachter

Blaue Führungskräfte sind gewissenhaft und agieren vorsichtig, besonnen und präzise. Deshalb hinterfragen sie Informationen stets kritisch und überlegen sich eine Sache lieber einmal zu viel, als sich selbst den Vorwurf machen zu müssen, nicht sorgfältig und detailorientiert genug gehandelt zu haben. Sie gehen analytisch vor und sind introvertiert – daher wirken sie oft distanziert.

Als Analytiker sind sie bestrebt, die perfekte Lösung zu bieten. Ihre strategische Denkweise führt dazu, dass sie gute Problem- und Konfliktlöser sind, vor allem, wenn es um die sachliche Lösung von Konflikten geht. Spontaneität und schnelle Entscheidungen zählen allerdings nicht zu den Stärken des blauen Farbtyps. Denn die blaue Führungskraft analysiert gründlich alle Aspekte einer Frage, bevor sie sich ein Urteil bildet. Sie kennt jedes Detail und weiß auf jede Frage eine Antwort. In schwierigen Situationen hört sie nachdenklich und sehr genau zu. Dabei sammelt sie Zahlen, Daten und Fakten, wirkt aber oft etwas steif, still und verschlossen.

Ihre Faszination für Details kann allerdings zur Folge haben, dass sie das große Ganze und das Ziel aus dem Blick verliert. Probleme hat sie mit Menschen, die nicht auf den Punkt kommen und viel reden.

Schritt 3 – Führung

Die vier Insights-Farbtypen im Überblick

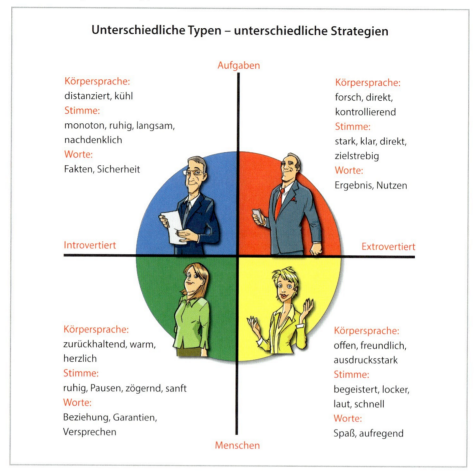

Abbildung 12
Quelle: Scheelen, Menschenkenntnis auf einen Blick, S. 20 [leicht verändert]

Nehmen Sie eine erste Selbsteinschätzung vor

Noch einmal sei betont, dass die Charakterisierungen kein Werturteil darstellen. Dies lässt sich zum Beispiel daran festmachen, dass – wie bereits erwähnt – grundsätzlich jeder Charakterzug, die zunächst als Stärke gilt, bei einer zu starken Ausprägung zu einer Schwäche werden kann:

Schritt 3 – Führung

➤ Die zielstrebige Art des roten Farbtyps führt dazu, dass er seinem Gesprächspartner nicht richtig zuhört. Er ist oft geneigt, alleine auf ein Ziel zuzustürmen – darüber vergisst er, mögliche Partner mit ins Boot zu holen.

➤ Durch seine offene und initiative Art wirkt der gelbe Farbtyp auf andere Menschen oft aufdringlich, manchmal naiv.

➤ Der grüne Farbtyp hat Probleme, auf Veränderungen angemessen zu reagieren – er meidet sie lieber. Seine Stetigkeit kann zu Sturheit führen.

➤ Der blaue Farbtyp mit seiner sorgfältigen Art wirkt oft penibel bis zur Kleinlichkeit. Zudem neigt er zur Schwarz-Weiß-Malerei.

**Praxistransfer: Ihre Selbstanalyse –
Erkennen Sie sich selbst**

Sie haben nun einen ersten Eindruck zu den vier Farbtypen gewonnen:

◆ Erkennen Sie sich in einer der Beschreibungen wieder?

◆ Welcher Farbtyp dominiert bei Ihnen? Erkennen Sie auch Anteile anderer Farbtypen bei sich?

◆ Wenn Sie unsicher sind: Analysieren Sie Ihr Verhalten im Konfliktfall oder wenn Sie unter Stress stehen. Denn in solchen Situationen kommt meistens „unser wahres Ich" deutlicher zum Vorschein.

◆ Führen Sie Gespräche mit anderen Menschen, holen Sie deren Einschätzung ein. Obwohl es vor allem um Ihre Einschätzung als Führungskraft geht: Befragen Sie Menschen aus Ihrem persönlichen und privaten Umfeld. Denn während wir uns am Arbeitsplatz oft so verhalten, wie wir glauben uns verhalten zu müssen, geben wir uns im privaten Umfeld natürlicher und so, wie wir wirklich sind.

◆ Nutzen Sie die Darstellung der vier Farbtypen, um Ihre Stärken und Schwächen als Führungskraft zu beschreiben.

Schritt 3 – Führung

Bleiben Sie, wer Sie sind – aber nicht immer und überall

Erinnern wir uns an jenen Chef in dem Fallbeispiel, der in der Münchener Filiale mit den neuen Mitarbeitern nicht klar gekommen ist. Zu vermuten ist, dass es sich bei ihm um einen roten Farbtyp und dominanten Direktor gehandelt hat. Hätte er dies erkannt, hätte er sich vor Antritt der Stelle in München überlegen können, welche Führungsprinzipien dort zum Erfolg geführt hätten – vorausgesetzt, er hätte sich über die dortigen Gepflogenheiten und die Filial- und Führungskultur informiert.

Ein erfolgversprechender Weg ist, auf den vorhandenen Stärken, Talenten und Begabungen aufzubauen und sie so weit zu entwickeln, dass sie ihre volle Wirkung entfalten, ohne in ihr Gegenteil umzuschlagen. Und für die Schwächen gilt: Sie müssen nicht um jeden Preis ausgemerzt werden – ansonsten droht die Gefahr, dass man sich verbiegt und in den Augen der Außenwelt und insbesondere der Mitarbeiter wenig glaubwürdig wirkt. Entscheidend beim Umgang mit den Schwächen ist, sie auf ein für das Umfeld erträgliches Maß abzumildern.

Eine rote Führungskraft zum Beispiel sollte ihre Zielorientierung, Entschlusskraft und Entscheidungsstärke entfalten und nutzen, um die Mitarbeiter zu motivieren, Probleme und Konflikte zu lösen und die Marktposition der Filiale auszubauen. Zugleich jedoch sollte sie lernen, den Mitarbeitern einmal in Ruhe zuzuhören und deren Erwartungen stärker in die eigene Entscheidungsfindung einzubinden. Dieses Vorgehen hätte vielleicht auch in der Münchener Filiale zum Erfolg geführt.

Stopp, Herr Hinkel, ich habe da mal eine Frage!

Sie sind nun des Öfteren auf den roten Direktor eingegangen. Können Sie den Ansatz, Stärken zu stärken und Schwächen abzumildern, auch in Bezug auf die anderen Persönlichkeitstypen konkretisieren?
Die gelbe Führungskraft setzt ihr inspirierendes und gewinnendes Wesen ein, um die Mitarbeiter zu motivieren und baut diese Fähigkeit aus. Zugleich muss sie ihre

organisatorischen Kompetenzen verbessern und begreifen, dass Ideen auch umgesetzt werden müssen.

Der grüne Unterstützer verfügt über exzellente Teamplayerfähigkeiten. Darum ist es nur richtig, wenn er diese Stärke ausbaut und wo immer möglich einsetzt. Er sollte aber auch daran arbeiten, sich von seinem Sicherheitsdenken zu lösen und sich auf die Ungewissheiten notwendiger Veränderungsprozesse einzulassen.

Der blaue Beobachter schließlich hilft den Mitarbeiten durch seine analytischen Fähigkeiten und seine Expertise, um Konflikte zu lösen und Problemangebote zu unterbreiten. Er muss aber daran arbeiten, sich den Mitarbeitern etwas mehr zu öffnen.

Ich überlege gerade, ob die Kenntnis der Persönlichkeitsprofile etwa aller Filialleiter für die Zentrale nicht auch wertvolle Hinweise bietet.
Gut, tauschen wir die Rolle – ich frage Sie, was genau Sie meinen?

Die Zentrale könnte die Filialleiter filialbezogen einsetzen, etwa im Hinblick auf die Filialkultur in einer bestimmten Stadt. Das hätte Ihrem Chef damals zum Beispiel weitergeholfen.
Ja, und auch der Filiale selbst. Bestimmte Führungspersönlichkeiten brauchen bestimmte Mitarbeiterteams und Mitarbeitertypen, um erfolgreich zu sein – und umgekehrt. Ein weiteres Entscheidungskriterium kann die individuelle Situation einer Filiale sein: Eine Filiale, die gerade im Aufbau begriffen ist, braucht wahrscheinlich eher einen Leiter mit hohem Rotanteil, ein Filiale mit Teamkonflikten hingegen einen Leiter mit hohem Grünanteil. Das Persönlichkeitsprofil einer Führungskraft kann dann ein Kriterium sein, wenn es um die Besetzung einer vakanten Stelle geht. Ich denke, es gibt jedoch wiederum kein Patentrezept.

Bauen Sie ein Stärken- und Talentmanagement auf

Wenn eine Führungskraft ihr Persönlichkeitsprofil analysiert hat, sollte sie zunächst einmal das perfektionieren, was sie wirklich gut kann, und nicht allzu viel Energie darauf verwenden, sich mit ihren Schwächen zu beschäftigen. Dies ist erst der zweite Schritt – zunächst steht der weitere Ausbau der bereits vorhandenen Fähigkeiten im Fokus. Sie stärkt mithin die Talente, Kompetenzen und Fähigkeiten, über die sie be-

Schritt 3 – Führung

reits verfügt, und konzentriert sich auf das, was sie von Natur aus gut kann. Andreas Buhr empfiehlt dazu, jeder Mensch solle seine persönliche emotionale „Tankstelle" aufsuchen, um dort Beseeltheit, Kraft und Energie zu tanken. Ob dies die sportliche Aktivität, das Gespräch mit einem lieben Menschen, ein Spaziergang im Grünen oder der Museumsbesuch ist, muss jeder für sich selbst herausfinden und entscheiden.

Ein Mentaltrick, die **Selbstmanagementkräfte** zu stärken, besteht darin, sich seine Erfolge vor das geistige Auge zu rufen – vor allem dann, wenn man es besonders nötig hat, also in schwierigen und problembehafteten Situationen. Dabei müssen jene Erfolgserlebnisse nicht unbedingt aus dem beruflichen Umfeld stammen:

➤ Wenn die Führungskraft künstlerisch veranlagt ist, zieht sie sich zurück, um kreativ zu werden, ein Bild zu malen, etwas im Tagebuch zu notieren oder um ein Gedicht niederzuschreiben.

➤ Wenn sie ein Handwerker-Typ ist, fängt sie an zu „werkeln".

➤ Und wenn sie ein vor allem kommunikativer Mensch ist, ruft sie zum Beispiel einen guten Bekannten an und redet mit ihm über alte Zeiten oder das Freizeitprojekt am Wochenende.

Zu den wesentlichen Faktoren eines Stärken- und Talentmanagements gehört das Selbstcoaching, in dessen Mittelpunkt der Gestaltungswille, und die Gestalterkraft der Führungskraft stehen. Ziel des Selbstcoachings ist es, sich zum Regisseur seines Lebens zu entwickeln. Die dazu notwendigen Kompetenzen sind:

➤ die Fähigkeit zur Selbstreflexion, um das eigene Handeln und Verhalten zu steuern,

➤ die Fähigkeit, sich selbstkritisch in Frage stellen und

➤ die Fähigkeit, Fehler einzugestehen und konstruktiv mit ihnen umzugehen.

Das Selbstcoaching beginnt, indem Gestaltungshindernisse aus dem Weg geräumt werden. Dazu gehören die Selbstzweifel, die auch an leistungsfähigen und erfolgreichen Menschen nagen. Wiederum fokussiert sich die Führungskraft auf ihre Stärken: „Welche meiner Kompetenzen helfen mir, diese Herausforderung anzunehmen und zu bewältigen?"

Schritt 3 – Führung

Noch einmal sei Andreas Buhr zitiert. In seinem Fachartikel „Coaching im Spiegel" heißt es: „Selbstcoaching bedeutet das Nachdenken über die eigene Position, die eigenen Ziele, über das, was bereits erreicht worden ist, was noch erreicht werden soll, was geändert werden muss. Dazu betrachtet sich die Führungskraft gleichsam von außen oder aus einer Meta-Perspektive. Sie geht zu sich selbst auf Distanz, steigt auf den sprichwörtlichen Berg und betrachtet sich und sein Schaffen von oben. Dort oben in luftiger Höhe löst sich die Verstrickung in die Details einer gegenwärtigen schwierigen Situation auf, so dass eine objektivere Analyse der Situation leichter fällt".

Das heißt: Die Führungskraft erkennt ihre Stärken und kann sie gezielt einsetzen, auch für die Mitarbeiterführung, die das Thema des nächsten Erfolgsbausteins ist.

Praxistransfer und Fazit

- Gehen Sie in Klausur und versuchen Sie, Ihr Persönlichkeitsprofil zu beschreiben. Sprechen Sie dazu mit Menschen Ihres Vertrauens. Prüfen Sie, ob Sie dazu eine Persönlichkeitstypologie nutzen wollen.

- Entscheiden Sie, womit Sie beginnen wollen: Arbeiten Sie an Ihren Stärken, um sie zielgerichtet einsetzen zu können. Mildern Sie Ihre Schwächen auf ein für Ihr Umfeld erträgliches Maß ab.

- Schwächen sollten nicht um jeden Preis ausgemerzt werden – sie machen uns menschlicher.

Schritt 3 – Führung

Erfolgsbaustein 5

Führen und motivieren Sie Ihre Mitarbeiter individuell und mit Wertschätzung

Warum lesen?

➤ Der Erfolgsbaustein wendet sich an alle Führungskräfte im Fashion Retail, die mit qualifizierten und motivierten Mitarbeitern strategische Wettbewerbsvorteile aufbauen wollen.

➤ Dazu ist es notwendig, die Menschen individuell und wertschätzend zu führen.

➤ Mitarbeiterführung besteht zu 80 Prozent aus Kommunikation. Darum ist es notwendig, Ihre kommunikativen Kompetenzen zu überprüfen.

➤ Sie lernen zehn wichtige Prinzipien der Mitarbeiterführung kennen.

Fallbeispiele:
Wer Menschen führen und motivieren will, muss sprechen

Als Branchenfachtrainer und -berater im Fashion Retail und in der Textilwirtschaft schildern mir Führungskräfte immer wieder eine besondere Herausforderung: Dass sie jeden Tag mit schwirigen Mitarbeitergesprächen konfrontiert werden. Und wahrscheinlich kennen Sie diese Situation selbst: An ein und demselben Tag haben Sie vollkommen unterschiedliche Führungssituationen zu bewältigen: Ein Verkäufer befindet sich in einem Motivationsloch, soll aber gleichzeitig einen neuen Aufgabenbereich übernehmen und muss deshalb an seiner Motivation arbeiten – was Sie unterstützen müssen. Also wartet ein Motivations-Führungsgespräch auf Sie. Ein Abteilungsleiter hat wiederholt seine Zuständigkeit überschritten. Ein Kritikgespräch ist die Folge.

Am Nachmittag schließlich wollen Sie einem Mitarbeiter einen neuen Verantwortungsbereich übertragen – was muss bei dem Delegationsgespräch beachtet werden? Erfreulich: Sie wollen einem verdienten Mitarbeiter ein positives Feedback geben, weil er eine Kundenaktion weitgehend eigenständig und erfolgreich durchgeführt hat. Genügt es, dem Mitarbeiter einfach auf die Schulter zu klopfen? Wie lobt man „richtig" und motivierend? Also: Wie läuft ein Feedbackgespräch strukturiert ab?

Und dann stehen an diesem Tag auch noch ein Beurteilungsgespräch und ein Einstellungsgespräch für die vakante Position an.

Die Fallbeispiele zeigen vor allem: Ihre Kommunikationskompetenz ist gefragt. Meiner Einschätzung nach besteht Mitarbeiterführung zu 80 Prozent aus guter Kommunikation. Aber es genügt nicht, über eine oder nur einige wenige Gesprächsführungsstrategien zu verfügen. Würden Sie all diese Situationen mit ein und derselben Strategie bewältigen wollen, wären die meisten Gespräche zum Scheitern verurteilt.

Und in meinen Seminaren wird auch eines deutlich: Die kommunikative Kompetenz sollte eingebettet sein in ein **positives Menschenbild**, und damit auch ein **grundsätzlich positives Mitarbeiterbild**.

Schritt 3 – Führung

Stopp, Herr Hinkel, ich habe da mal einen Einwand!

Ich erlebe es aber immer wieder, dass Mitarbeiter demotiviert in die Filiale kommen und eben nicht bereit sind, ihr Bestes zu geben.
Das wird auch so bleiben. Es kommt aber darauf an, wie Sie mit diesen Situationen umgehen und wie Sie reagieren. Ein wertschätzendes Menschenbild veranlasst Sie, nach den Gründen zu forschen, vielleicht auch die eigene Führungsarbeit kritisch zu hinterfragen. Ist der Mitarbeiter demotiviert, weil Sie einen Führungsfehler begangen haben? Wenn Sie grundsätzlich davon ausgehen, dass Menschen eigenständig und engagiert an der Verwirklichung der Unternehmens- und Filialziele mitwirken wollen, schenken Sie Vertrauen, das Ihnen nicht immer, aber meistens zurückgezahlt wird.

Sie meinen: Wie Sie in den Wald hineinrufen, so schallt es heraus?
Wenn Sie den Menschen mit Misstrauen begegnen, werden Sie genau das ernten – Misstrauen. Ich will es auf die folgende **3M-Formel** bringen: **Als Führungskraft Müssen Sie Menschen Mögen.** Aber bitte – das heißt nicht, dass Sie dem mobbenden oder leistungsunwilligen Mitarbeiter alles durchgehen lassen. Sie versuchen aber, selbst in diesen extremen Gesprächssituationen mit Wertschätzung zu agieren – also hart in der Sache, aber fair und respektvoll zum Menschen. Unter diesem Aspekt sollten Sie die folgenden zehn Prinzipien zur Mitarbeiterführung lesen.

Mitarbeiterführung – ein weites Feld. Und das wollen Sie mit zehn Prinzipien abhandeln?
Nein, ganz und gar nicht. Hier geht es nur um einen Ausschnitt zum Thema Mitarbeiterführung. Ich fokussiere mich auf die Prinzipien, die mir aus meiner Sicht und meiner Erfahrung nach besonders wichtig erscheinen.

Zehn Prinzipien für eine wertschätzende und motivierende Mitarbeiterführung

Die folgenden Führungsprinzipien basieren auf anerkannten Führungslehren wie etwa denen von Kenneth Blanchard. Zudem sind die Führungskonzepte eingeflossen, die Andreas Buhr insbesondere in seinem Buch „Machen statt meckern! Mit ©lean leadership zu mehr Erfolg in wirtschaftlich schwieriger Zeit" entwickelt hat.

Führungsprinzip 1: Der Mensch im Mittelpunkt

„Der Mensch steht im Zentrum des Führungshandelns" – so Andreas Buhr. Wenn die Führungskraft „Menschen mag" und sie nicht als Mittel zum Zweck, sondern als einzigartige Individuen sieht, wächst die Wahrscheinlichkeit, dass sich die Mitarbeiter engagieren. Also: Führungskräfte dürfen die Mitarbeiter nicht als bloße Funktionsträger und Rädchen im Getriebe verstehen, die gefälligst zu funktionieren haben. Es geht darum, „den Menschen im Mitarbeiter" zu respektieren.

Eine Führungskraft muss natürlich darauf achten, die vorgegebenen und mit der Geschäftsleitung vereinbarten Ziele zu erreichen. Die Unternehmensziele müssen im Fokus stehen. Sie kann aber zugleich dafür sorgen, dass die Mitarbeiter- und die Unternehmensziele aufeinander bezogen werden und die Mitarbeiter die Unternehmensziele zu ihren eigenen Zielen machen können.

Im Zielvereinbarungsgespräch werden mithin Ziele festgelegt, die die Unternehmenszielsetzungen und die Interessen des einzelnen Mitarbeiters in Einklang bringen.

Führungsprinzip 2: Mitarbeiter individuell führen und motivieren

Wer die Einzigartigkeit jedes einzelnen Mitarbeiters akzeptiert, wird die Menschen bei der Führungsarbeit nicht über einen Kamm scheren. Er wird vielmehr versuchen, das individuelle Persönlichkeitsprofil, die individuellen Stärken und Schwächen des Mitarbeiters wertzuschätzen und zu berücksichtigen.

Unterstützung bietet wiederum der Einsatz eines anerkannten Persönlichkeitsdiagnostiktools wie Insights MDI®. Mit ihm lässt sich nicht nur die eigene Persönlich-

Schritt 3 – Führung

keit, sondern auch das Persönlichkeitsprofil anderer Menschen einschätzen. Die Führungskraft analysiert zunächst, ob sie es mit einem roten, blauen, gelben oder grünen Farbtyp zu tun hat. Dann ist sie in der Lage, neben ihrer allgemeinen Menschenkenntnis auch das Wissen um die entsprechenden Charaktereigenschaften zu nutzen, um Mitarbeiter individuell zu führen.

Stopp, Herr Hinkel, ich habe da mal eine Frage!

Können Sie dazu ein möglichst konkretes Beispiel geben?
Nehmen wir das Kritikgespräch – wie sollte sich beispielsweise ein Filialleiter verhalten? Nun: Im Gespräch mit dem „roten" Mitarbeiter wird er sehr konkret. Denn dieser Mitarbeitertyp reagiert in Stresssituationen oft aggressiv und ungeduldig, vor allem dann, wenn er die Kritik als ungerechtfertigt empfindet. Der Filialleiter begründet die Kritik daher ausreichend und stellt dem Mitarbeiter klar vor Augen, welche Folgen sein Verhalten hat. Ich erinnere in diesem Zusammenhang an die Darstellung der vier Farbtypen im Erfolgsbaustein 4 ab der Seite 99.

Bei der „gelben" Verkäuferin, die auf den Aufbau guter Beziehungen zu anderen Menschen großen Wert legt, besteht die Gefahr, dass sie die Kritik als persönlichen Angriff missversteht. Zudem ignoriert sie konfliktträchtige Angelegenheiten häufig. Der Filialleiter bringt seine Kritik daher entsprechend behutsam vor. Da die gelbe Persönlichkeit sehr gefühlsbetont reagiert, thematisiert er neben dem sachlichen Aspekt stets die Beziehungsebene und signalisiert ihr: „Du bist o.k., dein Verhalten ist nicht o.k. gewesen."

Fehlen noch der grüne und der blaue Mitarbeiter.
Der sicherheitsorientierte grüne Typ reagiert auf Kritik oft sehr verunsichert und nimmt sie wie ein Urteil hin. Der Filialleiter versucht, ihn bei der Problemlösung zur aktiven Teilnahme zu motivieren. Das gelingt am besten, wenn er dem grünen Verkäufer alle wichtigen Hintergrundinformationen zu dem Problemverhalten an die Hand gibt.

Kommen wir zum gewissenhaften blauen Typ. Dieser neigt dazu, Kritik einer übergenauen Analyse zu unterziehen. Die Aufgabe des Filialleiters besteht darin, ihn von der Problemanalyse zur Problemlösung zu führen. Da der blaue vorsichtige Mitarbeiter mitunter die Übernahme von Verantwortung scheut, sollte der Chef ihn bei der Problemlösung unterstützen.

Bei allen Mitarbeitern gilt: Der Filialleiter muss zunächst in der persönlichen Begegnung prüfen, mit welchem Menschen er es zu tun hat. Er darf dabei nicht vorschnell urteilen, sondern muss genau beobachten und sich in den anderen einfühlen – eben mit Wertschätzung. Grundsätzlich gilt deswegen wiederum: „Du bist o.k., dein Verhalten ist nicht o.k. gewesen."

Ob die Führungskraft nun Insights nutzt, sich auf ihre persönlichen Eindrücke verlässt oder beides kombiniert: Entscheidend ist, in allen kommunikativen Situationen mitarbeiterindividuell vorzugehen, nicht nur im Kritikgespräch. Das ist die größte Herausforderung für die Führungskraft: Sie muss ihre Führungsarbeit stets auf das Individuum beziehen, mit dem sie interagiert. Alle Mitarbeiter gleich zu behandeln ist eben nicht gerecht, sondern Gleichmacherei.

Führungsprinzip 3: Situativ und flexibel führen

Die bisherigen Führungsprinzipien zeigen: DER allein selig machende Führungsstil existiert nicht. Es gibt immer nur die „richtige" Reaktionsweise in der jeweils konkreten Führungssituation. Darum ist der mitarbeiterorientierte und situative Führungsstil zu bevorzugen, bei dem die Führungskraft bereit und fähig ist, ihr Verhalten in einem gewissen Maß dem Mitarbeiter und der Situation flexibel anzupassen.

So gibt es durchaus Führungssituationen, in denen ein eher autoritäres Vorgehen richtig ist. Wenn der Laden brennt, es also eine brenzlige Situation gibt, kann der Filialleiter nicht erst eine Diskussionsrunde einberufen und demokratisch abstimmen lassen, was zu tun ist. Einem Auszubildenden im ersten Lehrjahr nicht klar zu sagen, was er wie bis wann zu tun hat und die Ausführung dann auch nicht zu kontrollieren, wäre aus Führungssicht ebenfalls ein Fehler. Woher sollte er die nötige Kompetenz haben? Allerdings: Mit autoritärem Führungsverhalten ist nicht gemeint, nun zum Beispiel etwa herumzuschreien oder dem Mitarbeiter ohne Respekt zu begegnen. Es geht vielmehr darum, mit möglichst klaren Anweisungen zu führen.

Schritt 3 – Führung

In der Regel jedoch ist der Führungsstil mit den Techniken der Delegation und des Führens mit Zielen am besten geeignet, Mitarbeiter zu Höchstleistungen zu motivieren. Das Vorgehen: Der Filialleiter räumt den Mitarbeitern wo immer möglich Freiräume ein und lebt den Gedanken der Partnerschaftlichkeit vor. Er will Mitarbeiter überzeugen, sie nicht mit Anweisungen führen, sondern sie für etwas begeistern. Er vertraut darauf, dass die Mitarbeiter eigenständige Problemlösungen kreieren und umsetzen. Denn sie sollen sich auch menschlich weiterentwickeln können. Dafür muss er mit dem Risiko leben, dass eingeräumte Freiheiten ab und zu ausgenutzt werden.

Wichtig ist auch, zu erkennen, dass die Resultate nicht exakt so sein müssen, wie sie die Führungskraft selber erreicht hätte. Der Mitarbeiter soll die Führungskraft nicht einfach kopieren, sondern eigenständig agieren. Wie gesagt: Menschen sind Individuen. Jeder macht das Gleiche irgendwie doch anders, ohne dass es deswegen schlechter wäre.

Der Entwicklungsgrad eines Mitarbeiters entscheidet darüber, ob und welche Nuancenverschiebung der Filialleiter in seinem Führungsverhalten vornimmt, sich also dem Mitarbeiter anpasst. Mit anderen Worten: Differenzierte Führungssituationen entstehen auch, weil Mitarbeiter aufgrund ihres jeweiligen Reifegrades unterschiedlich reagieren. Der langjährigen „rechten Hand" und erfahrenen Angestellten, die über eine hohe Eigenmotivation verfügt, kann der Filialleiter andere Entscheidungsbefugnisse einräumen als dem jungen und unerfahrenen Mitarbeiter, den er gerade erst eingestellt hat.

Grundsätzlich gilt:

➤ Je weniger Eigenmotivation ein Mitarbeiter bei einer Aufgabe an den Tag legt, desto mehr muss sich der Filialleiter um den Mitarbeiter auf der persönlichen Ebene kümmern und ihn motivieren.

➤ Je mehr Kompetenz ein Mitarbeiter zeigt, desto mehr kann sich die Führungskraft als Leiter zurückziehen. Ist der Mitarbeiter motiviert und kompetent, können und sollen Aufgabengebiete auch delegiert werden.

➤ Die Führungskunst besteht darin, den „richtigen" Führungsstil der jeweiligen Führungssituation und dem Reifegrad des Mitarbeiters anzupassen.

Führungsprinzip 4: Mitarbeiter fördern und fordern

Es gibt den – meines Erachtens sehr wahren – Ausspruch „**Wer Leistung fordert, muss Sinn bieten**." Jede Führungskraft im Fashion Retail, gleich welcher Hierarchieebene, sollte die Talente, Begabungen und Kompetenzen des Mitarbeiters erkennen können – etwa im Beurteilungsgespräch – und ihm dann mithilfe von Führungsinstrumenten und Weiterbildungs- sowie Qualifikationsmaßnahmen helfen, Stärken weiter auszubauen und Defizite abzustellen.

Es trägt zudem zur Mitarbeitermotivation bei, wenn der Mitarbeiter seine konkrete Tätigkeit ins Unternehmensganze einpassen kann; er also genau weiß, welchem übergeordneten Zweck seine Arbeit dient. Das muss nicht nur den fachlichen Aspekt betreffen, etwa ein besonders guter Verkäufer zu sein. Viele Menschen identifizieren sich dann mit ihrer Arbeit in der Filiale, wenn sie wissen, was ihren Beitrag zum Ganzen des Unternehmens ausmacht. Sie arbeiten motiviert, wenn sie Antworten auf zum Beispiel die folgenden Fragen erhalten:

- „Was passiert, wenn ich meine Arbeit nicht erledige?"

- „Wie wichtig ist es für den Erfolg des Unternehmens, dass ich gute Leistung bringe?"

- „Wie profitiere ich wiederum vom Unternehmenserfolg?"

Ein Beispiel: Wie wichtig ist der Job einer Reinigungskraft bei einem hochwertigen Modeanbieter? Welche Gefühle hat der Kunde, der einen Anzug für über 1.000 Euro kaufen will, wenn er eine verdreckte Kundentoilette benutzen muss und einer unfreundlichen WC-Servicekraft gegenübersteht?

Aufgabe der Führungskraft ist es, **jedem** Mitarbeiter **das emotionale Warum** zu verdeutlichen, den tieferen Zweck seines Tuns. Das gilt auch für die Reinigungskraft, deren Arbeit für den Erfolg der Filiale allzu oft unterschätzt wird. Und das gilt auch für etwa den „grünen" Verkäufertyp, für den es wichtig ist zu wissen, dass er Menschen dabei hilft, sich mit und durch ihre Kleidung selbst zu verwirklichen, sich wohl zu fühlen oder sich einem Ideal anzunähern.

All dies betrifft den **Förderaspekt der Mitarbeiterführung**.

Schritt 3 – Führung

Andererseits ist die Führungskraft berechtigt und verpflichtet, eine leistungsfordernde Atmosphäre zu schaffen. Es sollte schon klar sein, dass die Mitarbeiter nicht nur arbeiten, um eigene Ziele zu erreichen. Das Unternehmensganze muss gleichfalls in den Fokus rücken.

Und das ist der **Forderaspekt der Mitarbeiterführung**.

Führungsprinzip 5: Das Dreieck „Können – Wollen – Dürfen" beachten

Die genannten Führungsprinzipien fließen ein in das Handlungsdreieck „Können – Wollen – Dürfen" (Abbildung 13).

„Können" heißt: Die Führungskraft sorgt dafür, dass die Mitarbeiter in der Lage sind, ihren Aufgaben nachzukommen. Sie kümmert sich darum, dass Defizite durch Weiterbildungsaktivitäten ausgeglichen werden und ein Mitarbeiter genau diejenigen Kompetenzen aufweist, die er benötigt, um in seinem Bereich gute Leistungen zu erbringen.

Hinzu kommen muss das „Wollen": Der Mitarbeiter muss die Eigenmotivation aufbringen, sein Bestes geben zu wollen. Eine Führungskraft kann nur denjenigen motivieren, der auch von sich heraus Leistung bringen will. Wer grundsätzlich keine Freude am Verkauf hat und nicht gerne mit Menschen umgeht, der ist schlicht im falschen Job, wenn er im Verkauf arbeitet.

Bleibt das „Dürfen": Entscheidend ist, den Mitarbeitern auch zuzutrauen, eigenverantwortlich zu agieren. Die Aufgabe der Führungskraft besteht darin, die dazu notwendigen Rahmenbedingungen zu schaffen. Dazu überträgt sie die Handlungs- und Weisungsbefugnisse auf den Mitarbeiter.

Zuweilen scheitert das Engagement eines Mitarbeiters daran, dass er „von oben" daran gehindert wird, Topleistungen zu liefern. Es liegt in der Verantwortung der Führungskraft, dies zu verhindern.

Schritt 3 – Führung

Das Handlungsdreieck Können – Wollen – Dürfen

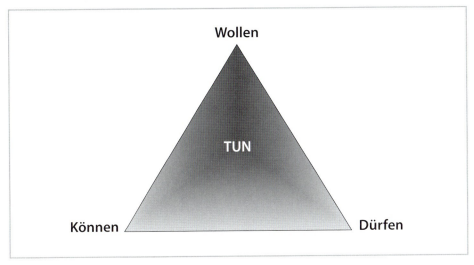

Abbildung 13

Stopp, Herr Hinkel, ich habe da mal eine Frage!

Sollte die Führungskraft bei der Mitarbeiterführung nicht auch eine Vorbildfunktion wahrnehmen?
Meine Antwort fällt eindeutig aus: **Mitarbeiter sind meistens so gut oder schlecht wie ihre Führungskräfte.** Es gibt kein wirkmächtigeres Führungsinstrument als das eigene Vorbild, als das nachahmungswerte Handeln und Denken der Führungskraft: Kommuniziert der Filialleiter wertschätzend mit dem Kunden, überträgt der Mitarbeiter die wertschätzende Haltung auch auf seine Kundengespräche. Die Führungskraft lebt also die kundenfreundliche Ansprache vor.

119

Schritt 3 – Führung

Führungsprinzip 6: Konstruktives und förderliches Feedback geben

Die Rückmeldungen der Führungskraft an die Mitarbeiter sollen letztendlich stets dazu beitragen, den Mitarbeiter „noch besser zu machen". Dies gelingt, wenn die Rückmeldung zielführend und konstruktiv aufgebaut ist.

Die zwei wichtigsten Rückmeldungen sind Lob bzw. Anerkennung und Kritik. Beim Loben ist es wichtig, dies begründend zu tun.

Stopp, Herr Hinkel, ich habe da mal eine Frage!

Habe ich Sie richtig verstanden – es geht ums begründende Loben? Nicht ums begründete Lob?
Natürlich sollte ein Lob immer seine Berechtigung haben, also begründet sein. Alles andere wäre unglaubwürdig. Aber tatsächlich – ich meine das „Loben mit Begründung". Die meisten Führungskräfte geben ihren Mitarbeitern vor allem dann Rückmeldung, wenn etwas schiefgegangen ist und nicht gut läuft. Besser ist es, die Situationen herauszustellen, in denen etwas funktioniert hat, um dann mit anerkennenden Worten zu loben. Eine besonders motivierende Wirkung entfaltet ein Lob, wenn eine ausführliche Begründung mitgeliefert wird und der Mitarbeiter so spürt, dass ein Lob ehrlich gemeint ist, weil es durch Fakten legitimiert wird. Darum: Die Führungskraft sollte immer überlegen, wie sie ihr Lob möglichst detailliert und spezifisch zum Ausdruck bringen kann.

Geht es etwas konkreter?
Nicht die Rückwand ist toll aufgebaut worden, sondern die Zusammenstellung der Outfits, die Falttechnik, die Farbzusammenstellung, die Sauberkeit, die Ordnung nach Größen. Gehen Sie bei Ihrem Lob also so weit wie möglich ins konkrete Detail.

Zudem sollten Sie die W-Frage stellen: „Sagen Sie mal, *wie* haben Sie es nur geschafft, mit dem reklamierenden Kunden zurechtzukommen?" So eröffnen Sie dem Mitarbeiter die Möglichkeit, den Erfolg wiederholbar zu machen, indem er sich seine Handlung bewusst macht. Hinzu kommt: Sie erfahren den Grund für den Erfolg und können ihn mit anderen Mitarbeitern multiplizieren.

Außerdem ist es wichtig, den Mitarbeiter für eine Tätigkeit zu loben, die für ihn auch tatsächlich eine Leistung bedeutet. Wenn Sie einen Mitarbeiter für eine Selbstverständlichkeit loben, kommt er sich im schlimmsten Fall verulkt vor.

Das Führungsprinzip 2 (siehe Seite 113) hat ja schon gezeigt, wie wichtig es im Kritikgespräch ist, mitarbeiterindividuell vorzugehen. Hinzu kommt: Die Führungskraft sollte das **Konzept der produktiven Kritik** verwirklichen. Am wichtigsten dabei ist: Die Führungskraft trägt Kritik sachbezogen vor, ohne die Person anzugreifen, und bezieht sich auf einen konkreten Anlass. Pauschalierungen gilt es also zu vermeiden. Das bezieht sich auf das Lob – ein spezifisches Lob mit dezidierter Begründung bewirkt oft mehr als 100 Pauschallobe für selbstverständliche Leistungen – und die Kritik.

Produktive Kritik ist stets auf Verbesserungen in der Zukunft ausgerichtet, also problemlösungsorientiert. Problemlösungsorientierung erreicht die Führungskraft, indem sie fragend kritisiert. So wird der Kritik die Schärfe genommen und der Mitarbeiter einbezogen. „Sie sind unpünktlich!" – das ist falsch. Besser ist: „Sie waren gestern zehn Minuten, vorgestern fünf Minuten und heute zehn Minuten nach neun Uhr im Geschäft. Was können Sie tun, damit Sie in Zukunft pünktlich sind? Welche Unterstützung brauchen Sie?"

Die erste Aussage beschreibt eher den Charakter des „unpünktlichen" Mitarbeiters und ist beleidigend und wird von ihm wahrscheinlich abgestritten. Die zweite Aussage beschreibt objektives Verhalten und ist weder verletzend noch abzustreiten und umfasst einen ersten Problemlösungsschritt. Der Mitarbeiter merkt: „Der Chef zweifelt nicht an mir als Person, er will mir in der Sache helfen", und ist so motiviert, eigene Verbesserungsvorschläge zu formulieren. Und Verhaltensänderungen, die aus eigener Einsicht in Gang gesetzt werden, wirken nachhaltiger als Verhaltensänderungen, die dem Mitarbeiter „von oben befohlen" worden sind.

Schritt 3 – Führung

Führungsprinzip 7: Delegieren mit der AKV-Regel

In einer arbeitsteiligen Arbeitswelt, in der die Führungskraft den eigenverantwortlich handelnden Mitarbeiter unterstützen will, gehört die Delegation zu den Führungsinstrumenten, die eine kompetente Führungskraft beherrschen sollte. Die Delegation entlastet nicht nur die Führungskraft, sondern trägt zur Motivation der Mitarbeiter bei, weil diese spüren, dass ihnen etwas zugetraut wird.

Voraussetzung ist, bei der Delegation die AKV-Regel zu beachten. Sie besagt: Die Führungskraft delegiert nicht nur die **Aufgabe**, sondern zudem die zur Ausführung der Aufgabe notwendigen **Kompetenzen** und schließlich die **Verantwortung**, die sich für den Mitarbeiter mit der Aufgabe verbindet.

Es genügt nicht, einer Mitarbeiterin zum Beispiel eine administrative Aufgabe zu überlassen: Sie muss auch die Befugnis erhalten, bei Problemen die Kollegen, ja selbst den Filialleiter als Informationsquellen nutzen zu dürfen und die Kommunikation etwa mit der Verwaltung eigenständig vorzunehmen. Und selbstverständlich trägt sie die Verantwortung für den reibungslosen Ablauf der übertragenen Verwaltungsarbeit. Der Filialleiter minimiert durch die Vollständigkeit der Aufgabenübertragung die Gefahr der „Rückdelegation" – denn in dem Fall findet er die Aufgabe unerledigt auf seinem Schreibtisch wieder.

Eine weitere Regel besagt: Die Führungskraft überlegt, welche Aufgaben sich nach Bedarf oder dauerhaft übertragen lassen. Dazu fertigt sie am besten eine Liste an, in der sie die Aufgaben notiert, die nur sie erledigen kann, und schließlich die Tätigkeiten, die auch von Mitarbeitern übernommen werden können.

Stopp, Herr Hinkel, ich habe da mal einen Einwand!

Nicht jeder Mitarbeiter ist willens, zusätzliche Arbeiten zu übernehmen.
Darum greift an dieser Stelle wiederum der **Grundsatz der individuellen und flexiblen Mitarbeiterführung.** Bei der Delegation spielen der Reifegrad des Mitarbeiters, also seine Motivation bzw. sein Wille zur Übernahme der Aufgabe und die konkre-

ten Fähigkeiten, eine Rolle: Nicht jeder Mitarbeiter ist qualifiziert genug, zusätzliche Arbeiten zu erledigen, und möchte dies auch gar nicht – dann droht die Überforderung. Andererseits: Der neue Auftrag darf den Mitarbeiter auch nicht unterfordern. Das ist dann demotivierend für ihn.

Die nächste Grundregel betrifft das Delegationsgespräch – hier bringt die Führungskraft die wichtigen W-Aspekte zur Sprache, die helfen sollen, dass der Mitarbeiter den neuen Auftrag versteht und nachvollziehen kann. Die Übernahme der Aufgabe, Befugnisse und Verantwortung werden also eindeutig kommuniziert:

➤ *Was* soll der Mitarbeiter *warum* und *wie* und *womit* tun – und bis *wann*?

Bei komplexen Aufgaben sollte die Führungskraft das Prinzip der Schriftlichkeit befolgen, also zum Beispiel mithilfe einer Checkliste dem Mitarbeiter die übertragene Aufgabe nahebringen und verdeutlichen. So minimiert sie die Gefahr, dass etwas vergessen wird. Hinzu kommt: Der Mitarbeiter verfügt über ein Instrument zur Selbstkontrolle.

➤ *Welche* Kompetenzen übernimmt er, *wie* ist die Verantwortung geregelt?

➤ Des Weiteren wird besprochen, *welche* Ziele und Ergebnisse erreicht werden sollen, *welche* Umsetzungsschritte geplant und *welche* Kontrolltermine und Feedbackgespräche vorgesehen sind.

➤ Von *wem* erhält der Mitarbeiter Unterstützung und *welche* Hilfsmittel kann er nutzen?

Führungsprinzip 8: Demotivation verhindern

Ob sich Menschen von außen motivieren lassen, ist in der Führungslehre umstritten.

Schritt 3 – Führung

Stopp, Herr Hinkel, ich habe da mal eine Frage!

Wie stehen Sie selbst zu dem Thema Motivation?
Meine Erfahrung besagt: Wer keine Eigenmotivation für seinen Beruf mitbringt, wer also keine Leidenschaft und Leistungswillen für die Aufgaben im Einzelhandel hat, den können Sie nicht motivieren. Das ist traurig, aber wahr. Wer hingegen über Eigenmotivation verfügt, den können Sie durchaus zu besserer oder konstant guter Leistung bewegen. Dies gelingt mit Lob, Anerkennung, Vertrauen und indem Sie dem Mitarbeiter Verantwortung übertragen.

Viel leichter fällt es leider, den Mitarbeiter zu demotivieren. Der Fall tritt rasch ein, wenn wir uns nicht an die hier angesprochenen Regeln der Führung und Kommunikation mit Mitarbeitern halten. Und Demotivation führt zu schlechterer Leistung und Umsatzverlust.

Was die Führungskraft also auf jeden Fall leisten sollte, ist, Demotivation zu verhindern oder dem Mitarbeiter aus dem Demotivationsloch zu helfen. In einem Gespräch versucht sie darum, den Gründen auf die Spur zu kommen. Indem sie den Gesprächspartner animiert, über seine Situation zu reflektieren, kann sie vielleicht die Ursachen für die Demotivation ans Tageslicht befördern.

Führungsprinzip 9: Leistungsfähige Teams setzen sich aus unterschiedlichen Mitarbeitern zusammen

Bei der Besetzung vakanter Positionen und der Teamzusammenstellung gilt der Grundsatz, dass sich nicht nur die fachlichen Kompetenzen der Teammitglieder, sondern auch die Persönlichkeitseigenschaften und die Verhaltensweisen ergänzen sollten.

In der Insights-Terminologie heißt das: Was nutzt es, wenn nur rote Mitarbeiter im Team sitzen, nicht aber auch die gelben und grünen Beziehungsmanager? Und neben all den extrovertierten Mitarbeitern, die die Kunst des Kundengesprächs natürlich besonders gut beherrschen, braucht ein Filialleiter auch die eher introvertierten und sachlich-ruhigen Mitarbeiter, die Aufgaben außerhalb des Kundenkontakts wahrnehmen – und dies mit Begeisterung tun und am Tagesende beispielsweise gerne die Kasse prüfen.

Mit anderen Worten: Es ist gerade die Unterschiedlichkeit in den Fähigkeiten, in der Persönlichkeit, den Einstellungen und Verhaltensweisen der Menschen, die es erlaubt, ein Team mit Mitgliedern zusammenzustellen, die optimal zusammenarbeiten. Nur machtbewusste Alphamännchen, nur pedantische Controller, nur risikoscheue Bewahrertypen – das geht nicht gut.

Hinzu kommt: **Wenn die Persönlichkeitsprofile aller Teammitglieder feststehen und kommuniziert werden, wächst das Verständnis füreinander**. Denn nun weiß jeder, dass das Denken, die Wahrnehmung und die Kommunikation der anderen Teammitglieder vielleicht auf einer ganz anderen Ebene ablaufen, als dies bei einem selbst der Fall ist.

Erkennen heißt in diesem Fall also Verstehen: Wem bekannt ist, dass es dem anderen aufgrund seiner Persönlichkeitsstruktur schwerfällt, Veränderungen zu akzeptieren und Risiken einzugehen, wird dies bei der Beurteilung des Teamkollegen berücksichtigen. Die Folge: Der kostenbewusste Sicherheitstyp bringt eher Verständnis auf für den dominanten Typ, der seine Visionen verwirklichen will und dabei die Kosten außer Acht lässt – und umgekehrt.

Dieses Wissen nutzt insbesondere den Führungskräften: Sie können nun aufgrund der Kenntnis der Persönlichkeitsprofile zum Beispiel darauf achten, nicht gerade den Kreativen im Team mit organisatorischen Aufgaben zu blockieren.

Führungsprinzip 10: Mitarbeiterleistungen mit dem DRILL-System verbessern

Kenneth Blanchard und Robert Lorber haben mit dem DRILL-System ein Führungskonzept entwickelt, das zu besseren Mitarbeiterleistungen und zur Produktivitätssteigerung führt und die bisher genannten Führungsprinzipien berücksichtigt. *DRILL* ist dabei ein Akronym für:

Schritt 3 – Führung

➤ **Definieren**: Die Führungskraft legt die wichtigsten Aufgabenbereiche für einen Mitarbeiter fest. Klare Zielvereinbarungen stecken den Rahmen ab.

➤ **Reorganisieren**: Wer Mitarbeiterleistungen verbessern will, muss wissen, von welcher Basis er ausgeht, und die Ist-Situation analysieren.

➤ **Informieren**: Führungskraft und Mitarbeiter legen gemeinsam Lernziele sowie Lehr- und Lernstrategien fest, die zur Leistungsverbesserung führen. Die Beteiligten besprechen im Konsens, was vom Mitarbeiter erwartet wird. Auch die Art und Weise der Kontrolle, die Beurteilung sowie die Vorteile einer Leistungssteigerung sind Gegenstand des gemeinsamen Gesprächs.

➤ **Lehren** und **Lernen**: Hier werden die Leistungen des Mitarbeiters kontrolliert, gelobt und auch kritisiert. Kommt es zu Zielabweichungen, legen Führungskraft und Mitarbeiter die Konsequenzen fest und einigen sich, wie das Ziel doch noch erreicht werden kann. Übrigens – auch die Führungskraft kann an dieser Stelle etwas lernen: Wenn die erwünschten Resultate nicht erreicht werden, kann dies daran liegen, dass die Maßnahmen zur Zielerreichung nicht greifen. Dann muss die Führungskraft neue Maßnahmen zur Leistungssteigerung entwickeln.

➤ **Leistungen** beurteilen: Es werden die Themen besprochen, die unter dem Schritt „Lehren und Lernen" aufgezeigt wurden. Führungskraft und Mitarbeiter diskutieren über die Leistungssteigerung und legen die zukünftige Strategie auf dem Weg zur Zielerreichung fest.

Praxistransfer und Fazit

♦ Für Ihren Erfolg als Führungskraft und den Erfolg Ihres Unternehmens, Ihres Filialnetzes, Ihrer Filiale und Ihrer Abteilung ist es notwendig, mit kompetenten und leistungsbereiten Mitarbeitern zusammenzuarbeiten.

♦ Dabei sind Ihre Führungskompetenzen und Ihre wertschätzende Mitarbeiterführung erfolgsentscheidende Faktoren.

- Überprüfen Sie, welche der zehn Führungsprinzipien von Ihnen bereits gelebt und verwirklicht werden.

- Ist es eine notwendige und lohnende Aufgabe, in Zukunft die Prinzipien, die Sie bisher nicht beachtet haben, doch noch zu leben?

- Was müssen Sie dafür tun?

- Welchen Erfolg können Sie damit erzielen?

Schritt 4

Verkauf und Beratung im Ladengeschäft: Das Verkaufsteam als Gastgeber des Kunden

Erfolgsbaustein 6

So bauen Ihre Verkäufer und Sie einen emotionalen Zugang zum Kunden auf

Warum lesen?

➤ Der emotionale Mehrwert Ihrer Filialen entscheidet darüber, ob die Menschen bei Ihnen einkaufen oder beim Wettbewerb.

➤ Sie erfahren, wie Sie die emotionale Kompetenz Ihrer Filialen steigern.

➤ Sie lernen Strategien und Methoden kennen, wie Sie beim Kunden positive Gefühle wecken und negative Gefühle vermeiden.

Schritt 4 – Verkauf und Beratung

Fallbeispiel:

Der emotionale Mehrwert in der Wohlfühlfiliale

In einem meiner Workshops wurde heftig die Frage diskutiert, ob nicht der Preis das wichtigste Entscheidungskriterium für den Kauf eines Produkts sei. Natürlich verlief die Diskussion kontrovers. Ich fragte schließlich die Teilnehmer: „Nehmen wir doch einmal an, Sie wollen sich eine Marken-Jeans aus dem Bereich der Markenmitte und des mittleren Preissegments kaufen, zum Beispiel eine Jeans von Esprit, Tom Tailor oder s.Oliver. Wo kaufen Sie die ein? Sie haben die Auswahl zwischen verschiedenen Warenhäusern, Multibrand Stores und Monolabel Stores. Die Jeans können Sie überall kaufen, der Preis ist überall derselbe."

Das Ergebnis unserer Diskussion: Das entscheidende Kaufargument ist neben der Auswahl, dem Storedesign oder dem Image des Geschäfts der Mensch, der dem Kunden in der Filiale entgegentritt, also der Verkäufer, der sich dem Kunden wie ein Gastgeber widmet. Der Kunde kauft da, wo seine Bedürfnisse befriedigt werden und wo er sich verstanden und wohl fühlt.

Das Storedesign wird vom Kunden meistens dann begeistert aufgenommen, wenn es gelingt, Raumambiente und Produktpräsentation so zu kombinieren, dass ein sinnliches Vergnügen entsteht. Gesellt sich die Fähigkeit der Mitarbeiter hinzu, den emotionalen Zugang zum Kunden aufzubauen, sammelt das Geschäft Sympathiepunkte. Die Jeans wird dort gekauft, wo der Kunde weiß und spürt: „Hier werde ich verstanden, hier fühle ich mich wohl." Der Preis wird zur Nebensache, wenn der Kunde einen emotionalen Mehrwert beim Kauf empfindet.

Stopp, Herr Hinkel, ich habe da mal einen Einwand!

Jetzt tragen Sie aber ein bisschen dick auf. Ich bin der Meinung, dass der Preis bei der Kaufentscheidung nie ganz außer Acht gelassen wird.
Im Strategie-Kapitel, also im Erfolgsbaustein 3, habe ich erläutert, wie wichtig nach den Erkenntnissen der Hirnforschung die Emotionalisierung des Kundenkontakts ist. Ich gebe Ihnen jedoch in gewisser Weise recht. Es gilt zwar das Motto „Emotiona-

les Argument schlägt rationales Argument". Aber natürlich spielt der Preis eine Rolle – und darum müssen Sie ihn emotional präsentieren.

Was bedeutet das denn? Wie soll ich eine bloße Zahl emotional darstellen?
Es geht um etwas Anderes. Angenommen, Ihre Verkäufer sind in der Lage, den Kundentypus zu erkennen, beispielsweise eben mit Insights MDI®. Beim dominanten Kunden mit hohem roten Farbanteil betont er zum Beispiel, dass der Kunde 100 Euro investiert und damit das führende Produkt am Markt erhält und sich etwas Anspruchsvolles kauft. Der Preis wird mithin emotionalisiert, indem der Verkäufer seine Argumente auf das jeweilige Emotionssystem des Kunden abstimmt. Entscheidend ist: So entstehen auf Kundenseite positive Gefühle – sogar bei dem Nachdenken darüber, ob er bereit ist, für den Nutzen, den er erhält, tief ins Portemonnaie zu greifen.

Können Sie ein Beispiel für einen weiteren Kundentyp geben?
Beim detailorientierten blauen Kunden setzen Sie den Preis zu dem Nutzen in ein Verhältnis, dass er so ein bewährtes Produkt in hoher Qualität ersteht, das lange hält. Natürlich kommt es immer auf das konkrete Produkt an – so können Sie etwa dem sicherheitsorientierten grünen Kunden die Öko-Jeans präsentieren und betonen, wie er mit seinem Kauf die Umwelt schont. Das ruft bei ihm ein gutes Gefühl hervor.

Gefühle sind Tatsachen

Ziel des emotionalen Verkaufens ist es, intensive Kundenbeziehungen aufzubauen und möglichst viele Kunden zu Stammkunden zu entwickeln. Viele Kunden betreten den Laden zunächst einmal nur, um sich zu orientieren oder zu informieren. Nehmen wir an, es geht um den Kauf einer Jeans. Jeder andere Jeans-Laden wäre ebenfalls dazu in der Lage, den Kunden zu informieren oder ihm Ware vorzulegen. Ab und an wird es dann auch zu einem Kauf kommen. Die Beziehung beschränkt sich so allein auf die Produktpräsentation und den Produktverkauf. Das ist natürlich auch wichtig, sogar enorm wichtig. Wie Verkäufer ein abschlussorientiertes und kundentypbezogenes Beratungs- und Verkaufsgespräch führen, ist Gegenstand des nächsten Erfolgsbausteins.

Bei der Emotionalisierung des Kundengesprächs geht es aber auch darum, eine persönliche Beziehung aufzubauen, so dass sich der Kunde mit einem bestimmten Ver-

Schritt 4 – Verkauf und Beratung

käufer oder auch dem Filialleiter und der Filiale insgesamt besonders eng verbunden fühlt. Das heißt: Kunde und Verkäufer schwimmen auf einer Wellenlänge, man vertraut sich. Die intensiven Kundenbeziehungen sind geprägt durch ein wechselseitiges Vertrauensverhältnis zwischen dem Kunden und dem Filialpersonal, bei dem „alles zusammenpasst". Dies schlägt sich in Kundenäußerungen nieder wie: „Ich gehe jetzt schon jahrelang in diesen Laden, die Menschen dort haben mich immer ausgesucht höflich und kompetent bedient."

Und solche Äußerungen kommen nicht zustande, wenn die Beziehung zum Kunden vor allem durch Nüchternheit und Sachlichkeit geprägt ist. Es gilt: Gefühle sind Tatsachen.

Das bedeutet auch: Verkaufsteam und Filialleiter sollten sich von dem Gedanken verabschieden, sie hätten es in ihren Kundengesprächen immer mit rational entscheidenden Menschen zu tun. Die meisten Kunden treffen ihre Entscheidungen unbewusst und irrational. Dabei sind sie in höchstem Maße von ihren Gefühlen und Emotionen abhängig.

Das gilt ebenso für „die andere Seite" – die Verkäufer. Das Argument, der Kunde habe ein Angebot aus rationalen Gründen abgelehnt, stimmt oft nicht. Meistens hat er sich aus gefühlsmäßigen Gründen gegen das Produkt entschieden, etwa weil er mit dem Verkäufer „nicht warm geworden ist" und die Chemie nicht stimmte. Das bedeutet für den Verkäufer, dass er nicht die richtigen emotionalen Knöpfe beim Kunden gedrückt hat.

Kreative Wege, wie Sie den emotionalen Mehrwert erhöhen

Es gibt einige Emotionalisierungsstrategien, die sich ganz besonders für den Fashion Retail eignen. Sie werden im Folgenden vorgestellt.

Emotionaler Mehrwert durch Storytelling

Storytelling heißt hier, mit Geschichten und mit einer bildhaften Sprache emotionale Ausnahmezustände zu erregen. Konkretes Beispiel: Der Verkäufer erzählt von dem „tollen Eindruck", den ein Kunde mit der neuen Sportjacke im Kreis seiner Sportkameraden erzielen konnte. Oder er berichtet von dem Erlebnis, das ein Kunde während seines letzten Skiurlaubs mit der neuen Funktionsjacke gemacht hat. Diese Erzählungen sollten authentisch und glaubwürdig sein – umso lebendiger und erlebnisorientierter kann der Verkäufer sie ins Kundengespräch integrieren.

Der Filialleiter kann dafür sorgen, dass dem Verkaufsteam der Gesprächsstoff und damit das Futter für das Storytelling nicht ausgehen. Dazu berichten die Verkäufer im Teammeeting von den Erlebnissen der Kunden, die diese mit den Waren der Filialen erlebt haben. Es geht darum, dass alle davon profitieren und die Kundenerlebnisse für ihre Kundenkontakte nutzen können.

Mit anderen Worten: Wenn der Verkäufer über die Kompetenz verfügt, über das Erzählen von Geschichten einen emotionalen Zugang zum Gehirn des Kunden zu finden, emotionalisiert er das Kundengespräch. Er verpackt den Produktnutzen nicht allein in Argumente, sondern stellt ihn mithilfe einer Geschichte dar, die emotional berührt.

Emotionaler Mehrwert durch Erfahrungsvertrauen

Es gibt durchaus verschiedene Arten des Vertrauens. Da ist zunächst einmal das Urvertrauen: Nicht jeder Mensch ist in der Lage, anderen Personen zu vertrauen – etwa aufgrund seiner Erfahrungen in Kindheit und Jugend. Für den Kundenkontakt ist diese Vertrauensart insofern wichtig, als dass es Kunden gibt, die von Natur aus äußerst misstrauisch sind und an allem zweifeln, was der Verkäufer ihnen sagt. Bei diesen Kunden ist es notwendig, mit exzellenten Produktkenntnissen aufzuwarten und ihr Misstrauen ernst zu nehmen, um es doch noch zu zerstreuen.

Kommen wir zu dem Reputationsvertrauen – die Vertrauenswürdigkeit steigt, weil das Modegeschäft einen guten Ruf genießt. Selbst Menschen, die es noch nie betreten haben, erhalten Informationen, aus denen sie ein Urteil ableiten. Auf dieser Grundlage bewerten sie den Laden. So baut sich in der Wahrnehmung der Kunden ein Image auf. Der Filialleiter und sein Team können ebenso wie die Geschäftsführung des Filialnetzes mit Marketingmaßnahmen nach dem Motto „Tue Gutes und rede darüber" die Imagebildung beeinflussen und damit auf Kundenseite für eine positive Gefühlslage sorgen.

Das Erfahrungsvertrauen ist der bedeutendste emotionale Vertrauenstreiber. Es ent-

Schritt 4 – Verkauf und Beratung

steht, wenn insbesondere der Neukunde, der mit einem Vertrauensvorschuss den Laden betritt, in seinen Erwartungen nicht enttäuscht, sondern vielmehr bestätigt wird. Am größten ist die Kundenbegeisterung, wenn diese Erwartungen übertroffen werden.

Die Möglichkeiten, Erfahrungsvertrauen durch positive Kundenerfahrungen herbeizuführen, sind vielfältig. Entscheidend ist, dass das Team die positiven Erfahrungen immer wieder bestätigt und wiederholt, so dass sich mit der Zeit gefestigte und stabile Wir-Kundenbeziehungen manifestieren.

Gelingt dies, strahlt das Erfahrungsvertrauen auf die anderen Vertrauensarten aus: Reputation und Ansehen der Filiale erhöhen sich, das Wohlbefinden der Kunden steigt – und letztendlich lässt sich dann vielleicht auch der eine oder andere misstrauische Kunde überzeugen.

Aufgabe des Filialleiters ist es, das Team für die verschiedenen Vertrauensarten zu sensibilisieren und zu diskutieren, mithilfe welcher **konkreten Aktivitäten die Vertrauenswürdigkeit** gesteigert werden kann. Im Teammeeting sollten die folgenden Fragen diskutiert werden:

➤ Woran (Verhalten, Kundenfragen) können wir den misstrauischen Kunden erkennen?

➤ Mit welchen Maßnahmen können wir das Misstrauen des Kunden auflösen und ihn überzeugen?

➤ Welche äußeren Rahmenbedingungen führen dazu, die Filiale in eine Wohlfühlzone zu verwandeln?

➤ Welches Image haben wir? Wie können wir das Image in einem positiven Sinn beeinflussen? Wie gelingt es, in der Wahrnehmung der Kunden in einem günstigen Licht zu erscheinen?

➤ Was kann der Filialleiter dazu beitragen, die Reputation der Filiale zu erhöhen?

➤ Welche Möglichkeiten können wir – jeder einzelne Mitarbeiter – nutzen, damit der Kunde positive Erfahrungen sammelt?

➤ Welches Verhalten sollten wir im Kundengespräch an den Tag legen, um den Kunden zu überzeugen, dass es richtig ist, uns sein Vertrauen zu schenken?

Entscheidend ist also nicht die Produktorientierung. Auch Kundenorientierung allein genügt nicht. Die innere Einstellung des Verkaufsteams sollte vielmehr auf **Vertrauensorientierung** basieren.

Emotionaler Mehrwert durch Gespräch auf Augenhöhe

Das Erfahrungsvertrauen entsteht vor allem aufgrund der persönlichen Erfahrungen, die der Kunde mit einem Unternehmen macht – also mit dem Verkäufer, von dem er sich im vertrauensvollen Vier-Augen-Gespräch beraten lässt. Darum liegt im Verhalten des Verkäufers der Schlüssel zum Herzen und zum emotionalen Zentrum des Kunden.

Leider aber verfügt ein Verkäufer zugleich über zahlreiche Möglichkeiten, diesen Schlüssel zu verlieren oder ihn gar mutwillig über Bord zu werfen. Dazu zählt, was wahrscheinlich schon jeder einmal erlebt hat, und zwar nicht nur im Fashion Retail: Der unfreundliche Verkäufer, der sich hochmütig hinter seiner Fachkompetenz verschanzt und den Kunden von oben herab behandelt.

Stopp, Herr Hinkel, ich habe da mal eine Frage!

Aber liegt es manchmal auch gar nicht in der Absicht des Verkäufers, den Kunden von oben herab zu behandeln? Er wird doch nur aufgrund seines Expertenstatus in Mode- und Bekleidungsfragen als hochnäsig oder gar arrogant wahrgenommen – das ist doch gar nicht so „gemeint".
Ja, richtig, aber entscheidend ist nie, wie der Verkäufer wirklich ist, sondern wie er „rüberkommt" und auf den Kunden wirkt. Der Verkäufer sollte daher seine (Fach-)-Sprache dezent und wohldosiert einsetzen und auf ein Minimum reduzieren und vor allem den Kundennutzen in verständlich-nachvollziehbaren Worten artikulieren. Es gilt, in die Sprachwelt des Kunden einzutreten. Das entsprechende Leitmotiv lautet: „Dem Kunden auf Augenhöhe begegnen!"

Schritt 4 – Verkauf und Beratung

Gespräche auf Augenhöhe entstehen, wenn der informierte und damit mündige Kunde eine individuelle, auf seine Wünsche und Erwartungen zugeschneiderte Beratung erhält. Dazu muss ihm der Verkäufer alle entscheidungsrelevanten Informationen an die Hand geben und das Gespräch emotionalisieren.

Damit der Verkäufer seine Außenwirkung einschätzen kann, ist es ratsam, wiederum Insights MDI® zu nutzen und ein Persönlichkeitsprofil zu erstellen. Wer zum Beispiel weiß, dass er grundsätzlich arrogant auf andere Menschen und damit auf Kunden wirkt, verfügt über konkrete Ansatzpunkte, um sich weniger dominante und „rote" Verhaltensweisen anzueignen. Der Verkäufer kann sein Verhalten überdies dem Kundentyp anpassen. Wie das funktioniert, ist Gegenstand des siebten Erfolgsbausteins.

Stopp, Herr Hinkel, ich habe da mal eine Frage!

Verkäufer müssen ja von Berufs wegen redselig sein. Besteht dann nicht immer die Gefahr, in den Augen des Kunden sehr dominant zu erscheinen?
Ja. Wenn der enthusiastisch-redselige und impulsive Verkäufer auf den zurückhaltenden Kunden trifft, droht die Gefahr des konsequenten Aneinandervorbeiredens. Der Kunde macht angesichts des Redeschwalls des Verkäufers „die Schotten dicht" und ist für dessen Argumente nicht mehr zugänglich. Er verlässt den – nach Mihaly Czikszentmihalyi – Flow-Kanal, also seinen Wohlfühlbereich.

Was muss der Verkäufer dann tun, um den Kunden im Flow-Kanal zu halten?
Der Filialleiter kann den Verkäufer zunächst einmal darauf hinweisen, dass seine dominante Art und Weise nicht bei jedem Kunden gut ankommt, und ihn dafür sensibilisieren. Der Verkäufer sollte zudem seine eigenen Wertevorstellungen in den Hintergrund schieben und sich auf die Persönlichkeit und den Typus des Kunden fokussieren. Das kann man trainieren, etwa mithilfe von Weiterbildungsveranstaltungen.

Emotionaler Mehrwert durch Sie-Standpunkt und Ergebnisoffenheit

Der Verkäufer sollte im Kundengespräch konsequent den Sie-Standpunkt einnehmen und so verdeutlichen: „Lieber Kunde, es geht um *Sie*, um *Ihre* Wünsche und Erwartungen, um *Ihren* Nutzen." Der Kunde merkt, dass der Verkäufer ihn nicht zu etwas überreden will, sondern ergebnisoffen ins Gespräch geht, um seine Wünsche zu erfragen und zu erfahren und darauf eine kundenorientierte Antwort zu finden.

Ein Verkäufer nimmt konsequent den Standpunkt des Gesprächspartners ein, indem er – wo immer möglich – Wörter wie „ich, mir, meiner, mich, wir, unser" vermeidet:

► Den Satz „Frau Kundin, Sie müssen Folgendes tun …" ersetzt er durch: „Frau Kundin, bitte beachten **Sie** …"

► Statt „Ich verspreche Ihnen, dass …" sagt er: „**Sie** können sich darauf verlassen, dass …"

Glaubwürdig und authentisch kommt dies beim Kunden aber nur an, wenn die **kundenorientierte Kommunikation nicht um ihrer selbst willen praktiziert wird, sondern der Einstellung des Verkäufers entspricht**. Das Wohl des Kunden muss für ihn mithin wirklich im Fokus stehen. Es ist ihm ein Herzenswunsch, dem Kunden auf Augenhöhe zu begegnen. Dann wird sich die Sprache oft automatisch dieser Einstellung anpassen.

Positive Gefühle aufbauen und negative Gefühle vermeiden

Einige der bisher dargestellten Strategien deuten bereits darauf hin: Bei der Emotionalisierung des Kundenkontakts ist es wichtig, positive Gefühle herbeizuführen und negative zu verhindern.

Helmut Seßler betont in „Limbic® Sales", wie sich Lustgefühle einstellen und Frustgefühle vermeiden lassen. Frustgefühle entstehen vor allem dann, wenn der Verkäufer zielgenau am Emotionssystem des Kunden vorbeiargumentiert.

Für Verkäufer ist es daher wichtig, positive Emotionen zu maximieren sowie Lust und Belohnung zu steigern, aber zugleich negative Emotionen zu minimieren, um Unlust zu vermeiden.

Da für das Gehirn negative Emotionen oft bedeutender sind als positiven, muss das Ziel sein, möglichst wenige negative Emotionen auszulösen oder diese mit geeigneten positiven Emotionen zu „überschreiben".

Stopp, Herr Hinkel, ich habe da mal eine Frage!

Nennt Helmut Seßler ein Beispiel für die Entstehung jener Frustgefühle?
Nehmen wir an, ein Verkäufer trifft auf einen Kunden, dessen bevorzugtes Emotionssystem das Stimulanz-System ist. Diesem Menschen geht es um Freude, Spaß, Abwechslung und Abgrenzung. Er will also anders sein als die anderen, sich vom Durchschnitt abheben. Sie sehen: Er ist auch noch dominant veranlagt. Der Verkäufer müsste darum auf der Lifestyle-Ebene argumentieren, ihm die Produktvorteile in leuchtenden Farben schildern, ihm sagen, dass er mit dieser Jacke auffällt, sich von den anderen abhebt, einen Nummer-Eins-Status aufbaut.

Ich vermute: Wenn der Verkäufer nun lediglich mit Zahlen, Daten und Fakten arbeitet, entsteht Kundenfrust.
Genau. Der Kunde wird die Rede des Verkäufers als langweilig empfinden, es bauen sich negative Gefühle bei ihm auf. Ihn interessiert es einfach nicht oder nur am Rande, welche Qualität die Jacke hat, was die Stiftung Warentest darüber geschrieben hat. Ihn interessiert eher, dass sein Idol Michael Schumacher ebenfalls solch eine Jacke trägt. Das Verkäufer-Vorgehen führt also zu Frust statt Lust – das kann nicht zu einer günstigen Kaufentscheidung führen.

Noch eine Frage nebenbei: Wie soll der Verkäufer denn ahnen, dass der Kunde Schumi-Fan ist?
Er hat zuvor im Kundengespräch genau zugehört – und deswegen nennt er Prominente, die die Jacke auch tragen oder Werbung für sie machen.

Schritt 4 – Verkauf und Beratung

Praxistransfer und Fazit

◆ Versuchen Sie, den emotionalen Mehrwert, den Ihre Filiale den Kunden bietet, zu analysieren. Erarbeiten Sie Verbesserungsvorschläge.

◆ Welche der kreativen Wege zur Steigerung der emotionalen Kompetenz werden in Ihrer Filiale oder Ihrem Filialnetz bereits realisiert? Was müssen Sie veranlassen, um zu Verbesserungen zu gelangen?

◆ Wie schaut es in dieser Hinsicht mit den Kompetenzen Ihres Verkaufsteams aus? Welche Weiterbildungs- und Entwicklungsaktivitäten sollten Sie ergreifen, damit Ihre Verkäufer zum emotionalen Verkaufen fähig sind?

Schritt 4 – Verkauf und Beratung

Erfolgsbaustein 7

So führen Ihre Mitarbeiter kundentypgerechte Beratungs- und Verkaufsgespräche, die zum Abschluss führen

Warum lesen?

➤ Sie erfahren, wie Ihre Verkäufer in der Filiale ihrer „Gastgeberrolle" gerecht werden.

➤ Es werden Strategien und Methoden vorgestellt, mit denen Ihre Verkäufer in jeder Phase des Kundengesprächs typgerecht vorgehen und Waren so präsentieren, dass ein Abschluss wahrscheinlich wird.

➤ Sie lernen Techniken kennen, mit denen Sie auch schwierige Kundengespräche in den Griff bekommen.

Fallbeispiel:

„Klappe halten und zuhören!"

Ich bin, gerade als Branchenfachtrainer und -berater im Fashion Retail, sehr oft auch Kunde. Und als solcher wollte ich mir vor Kurzem eine neue Jacke kaufen, und zwar die Jacke einer Firma, die ich in einem Film gesehen hatte. Dort trug einer meiner Lieblingsschauspieler diese tolle Jacke – und ich war nun geradezu von dem Gedanken besessen, mir möglichst rasch eben diese Jacke zu kaufen.

Ich gebe zu: Es ging mir auch um das Image, das Prestige, um den Status, den diese Jacke seinem Träger verlieh – der schöne Schein der Symbole war mir bei diesem Einkauf einer „Prestige-Jacke" wichtig. Mein Pech allerdings war, auf einen Verkäufer zu treffen, der für meine Wünsche taube Ohren hatte. Wahrscheinlich hatte der Laden kurz zuvor eine Lieferung hochwertiger atmungsaktiver und wasserdichter Jacken hereinbekommen. Ein Kleidungsstück mit zweifelsohne unbestreitbaren funktionalen Produkteigenschaften – die mich aber in diesem Moment überhaupt nicht interessierten. Wenn der Verkäufer in diesem Moment nur einen Moment lang seinen Redeschwall unterbrochen und eine einfache Frage gestellt hätte wie: „Was wünschen Sie denn, lieber Herr Kunde, und was ist Ihnen an der Jacke besonders wichtig?", hätte er die wasserdichte Jacke gar nicht erst erwähnt. Ich wollte „meine" Jacke! Weil der Verkäufer aber die entscheidende Frage nach „meiner Jacke" nicht gestellt hat, habe ich mir die Jacke dann halt woanders gekauft.

Darum lautet das wichtigste Motto für den kundenorientierten Verkäufer, der in die Vorstellungs- und Erwartungswelt des Kunden eintauchen möchte: „Klappe halten – und zuhören!" Und das gilt für das gesamte Beratungs- und Verkaufsgespräch.

Aktiver Verkauf: der Verkäufer als Gastgeber

Der Schlüssel zur Vorstellungswelt des Kunden ist die Einstellung der handelnden Akteure – das gilt für den Filialleiter, seine Abteilungsleiter und seine Verkäufer. Diese Einstellung lässt sich treffend mit dem – bereits bekannten – Begriff des Gastgebers beschreiben.

Auch die Verkäufer sollten diese Einstellung verinnerlichen und sich die innere Haltung erarbeiten, den Kunden wie einen Gast zu behandeln, den sie auf ihre Feier eingeladen haben. Wer sich diese Einstellung zu eigen macht, wird den Kunden mit einiger Wahrscheinlichkeit nicht wie jemanden entgegentreten, der dem Verkäufer dabei helfen soll, Umsatz zu generieren – nein: Der Verkäufer wird den Kunden automatisch als einen Gast empfangen, den *er* eingeladen hat, um mit ihm ein paar angenehme Stunden – hier besser: Minuten – zu verbringen. Denn ein Gastgeber begegnet seinem Gast auf Augenhöhe und ist stets bemüht, ihm etwas anzubieten und ein gutes Gespräch mit ihm zu führen.

Im dritten Erfolgsbaustein ging es darum, was der Filialleiter tun kann, um seine Filiale als **Wohlfühlfiliale** zu gestalten. Jeder Verkäufer kann einen ebenso großen Beitrag leisten wie der Filialleiter, damit sich Kunden im Laden wohlfühlen und positive Gefühle entwickeln und …

Stopp, Herr Hinkel, ich habe da mal eine Frage!

Wohlfühlfiliale, Wohlfühlzone, angenehme Minuten verbringen, positive Emotionen – ist das nicht doch etwas zu gefühlig? Geht es denn gar nicht mehr darum, etwas zu verkaufen?
Ich führe meinen Satz von oben zu Ende: Jeder Verkäufer kann einen ebenso großen Beitrag leisten wie der Filialleiter, damit sich Kunden im Laden wohlfühlen und positive Gefühle entwickeln und eine positive Kaufentscheidung fällen. Natürlich müssen die Strategien und Verkaufstechniken, die ich hier vorstelle, den Kunden schnurstracks zur Kasse leiten, also zum Abschluss. Lassen Sie mich das ganz ausdrücklich betonen: Es geht um den aktiven Verkauf, also nicht nur um die bedienende Butler-Rolle. Mit anderen Worten: Ich stehe für den Wechsel vom Bedienen zum aktiven Verkaufen.

Können Sie den Unterschied näher erläutern?
In den meisten Filialen arbeiten Verkäufer, die ein gutes Beratungs- und Verkaufsgespräch führen können. Das ist ein Standard, über den viele verfügen. Entscheidend ist, was auf den letzten Metern passiert. Hier trennt sich die Spreu vom Weizen. Bedienen heißt demnach, dem Kunden zu bringen, was dieser fordert, zum Beispiel die Label-Jeans eines bestimmten Anbieters in einer bestimmten Größe. Verkaufen

heißt, darüber hinaus einen Bedarf zu wecken und ein Teil mehr zu verkaufen, als der Kunde beim Betreten des Ladens im Sinn hatte. Es geht darum, als Verkäufer aktiv zu werden, alle Antennen auf Empfang zu stellen und über Emotionen, Inspiration und Begeisterung Lust beim Kunden zu wecken – und dabei stets abschlussorientiert vorzugehen. Entscheidender Erfolgsfaktor ist der professionelle und kompetente Verkäufer, der fähig ist, selbst kaufunwillige Kunden zu begeistern und von der Faszination seines Produktes zu überzeugen.

In jeder Phase des Kundengesprächs konsequent auf den Abschluss zusteuern

Die Abschlussorientierung beginnt bereits vor der Begrüßung, also bevor der Kunde den Laden betreten hat. Die folgende Checkliste (Abbildung 14) hilft, dass alle Beteiligten der Gastgeberrolle gerecht werden und dafür sensibilisiert sind, nun eine „Feier" zu veranstalten, bei der alles dafür getan wird, dass sich die Gäste „wie zu Hause fühlen".

Schritt 4 – Verkauf und Beratung

Checkliste Gastgeberrolle:

Außenbereich	ja	nein	Datum	Zeichen
Bürgersteig sauber				
Fassade sauber				
Beleuchtung sauber				
Beleuchtung funktioniert				
Fenster				
Dekoration ordentlich				
Dekoration aktuell				
Preisschilder vorhanden				
Preisschilder richtig				
Scheiben sauber				
Innenbereich				
Tür sauber				
Spiegel sauber				
Beleuchtung funktionstüchtig				
Laufzonen erkennbar				
Ständer ausgerichtet				
Visual Merchandising entspricht den Anforderungen des Leiters/der Zentrale				
Ware richtig ausgeleuchtet				
Kasse sauber				
Kassenbereich ordentlich				
Mitarbeiter				
Namensschild wird getragen				
Company-Outfit-Regeln werden eingehalten				
Korrekte Schuhe werden getragen				
Begrüßung der Kunden erfolgt				
Aufmerksamkeit/Freundlichkeit				
Fachkompetenz				
Kassenabwicklung				
Verabschiedung				

Abbildung 14

Diese Checkliste finden Sie als Download unter www.dfv-fachbuch.de/Hinkel

Schritt 4 – Verkauf und Beratung

In der Regel besteht ein Verkaufsgespräch aus acht Phasen, die in der Abbildung 15 zusammengefasst sind:

Abbildung 15

Phase 1 – die Begrüßung: Der erste Eindruck ist (mit)entscheidend

Der Filialleiter trägt die Verantwortung dafür, dass das Team bereit ist, den Gast angemessen zu empfangen. Ein Verkaufsmitarbeiter – oder auch der Filialleiter selbst – steht immer vorne im Eingangsbereich, und zwar links. Ein Tipp aus der Praxis: Der Mitarbeiter nimmt einen mobilen Falttisch mit an die Tür. So kann er als „Grußaugust" nebenher für Ordnung und einen aufgeräumten Verkaufsraum sorgen. Der nächste Mitarbeiter steht diagonal versetzt im Verkaufsraum – und so geht es nach hinten weiter.

Diese „Aufstellung" darf nicht verallgemeinert werden, sie gilt für den klassischen Filialgrundriss „Schuhkarton", also den typisch rechteckigen Grundriss einer Filiale. Fest aber steht: Für jede Filiale gibt es die richtige strategische, die ideale Aufstellung für die Fläche.

Sofern Kunden bedient werden, sollten die Positionen nach vorne durch gewechselt werden. Die wichtigste Position ist vorne an der Tür. Sie sollte immer besetzt sein. Denn wer betritt schon gerne ein Geschäft, in dem keine Menschen zu sehen sind.

Die „Empfangsperson" achtet ganz besonders auf ihre Körpersprache. Ein Gastgeber empfängt seine Gäste mit offenen Armen, mit einem Lächeln im Gesicht – die Chinesen sagen: „Wer nicht lächeln kann, sollte keinen Laden eröffnen." Die Körperhaltung sollte mithin offen sein – der Kunde muss spüren, dass er willkommen ist. Indem der Verkäufer Blickkontakt mit dem Kunden aufnimmt, strahlt er Sicherheit aus und schafft eine Vertrauensgrundlage.

Und ab jetzt gilt die AIDA-Formel:

1. *A*ttention (Aufmerksamkeit): Die Aufmerksamkeit des Kunden wird geweckt.

2. *I*nterest (Interesse): Das Interesse des Kunden wird erregt.

3. *D*esire (Verlangen): Der Besitzwunsch wird ausgelöst.

4. *A*ction (Handeln): Der Kunde kauft.

Sich von Anfang an sympathisch machen

Bei der Begrüßung gilt der unumstößliche Grundsatz: Jeder Kunde wird begrüßt! Das ist Pflicht und eine goldene Regel. Jeder Mensch, jeder Kunde – nur für Ladendiebe mag dies nicht zutreffen – möchte beachtet und wahrgenommen werden. Darum wird jeder Kunde angelächelt und ortsüblich begrüßt.

Der Verkäufer sollte schon bei der Begrüßung die Macht der Sprache berücksichtigen und den Sie-Standpunkt einnehmen, also den Kunden in den Mittelpunkt stellen. Wir erinnern uns daran, dass es der Sie-Standpunkt ist, der dabei hilft, den Kundenkontakt zu emotionalisieren. Besser als die Formulierung „Ich begrüße Sie ganz herzlich", bei der der Verkäufer von Anfang das negativ besetzte Wort „Ich" in den Fokus rückt, ist eine Begrüßung wie etwa „Herzlich willkommen in unserer Filiale" oder das klassische „Guten Tag".

Schritt 4 – Verkauf und Beratung

Stopp, Herr Hinkel, ich habe da mal eine Frage!

Ich weiß, dass man besser den Sie-Standpunkt einnehmen soll, das haben Sie ja im Erfolgsbaustein 6 erläutert, aber „Ich" als negativ besetzt zu bezeichnen – geht das nicht zu weit?

Die meisten Menschen rücken sich im Gespräch selbst in den Mittelpunkt. Kennen Sie die Situation, wenn Sie einen Menschen kennenlernen und dieser redet nur von sich? Mein Auto, mein Haus und so weiter? Wie interessant finden Sie solche Gespräche? Stellen Sie sich dagegen ein Gespräch vor, in dem Sie gefragt werden, worauf Sie beim Wohnen Wert legen. Oder welche Automarke Sie fahren. Ich spreche in diesem Zusammenhang gerne davon, Wörter und Sätze zu benutzen, die bei dem Kunden positive Reaktionen auslösen und zum Sympathieaufbau beitragen. Beispiele sind „Danke", „Sie", „Du" und der Namen des Kunden. Dies ist natürlich nur dann möglich, wenn der Verkäufer den Kunden bereits kennt.

Beispiele für negativ besetzte Wörter sind „sicher", „aber", „ja, aber", „teuer", „das kostet", „selbstverständlich", „nur", eben vor allem „ich" und verwandte Personalpronomina wie „mein" und „mir". Damit rückt sich der Verkäufer in den Mittelpunkt, nicht den Kunden. Bei diesem entstehen so negative Gefühle.

Wie kann man die Herausforderung bewältigen, solche Wörter möglichst selten oder gar nicht zu benutzen?

Das kann der Filialleiter mit seinem Team üben oder in einem Training üben lassen. Der Satz „Ich gebe Ihnen eine Tragetasche" lautet dann: „Mit dieser Tragetasche können Sie Ihren Rock gut geschützt und sauber gefaltet nach Hause bringen." Diese Formulierung hat außerdem den Vorteil, dass sie einen **Kundennutzen enthält.** Dabei kann es auch zu recht komplexen Herausforderungen kommen. Der Satz „Diese Bluse haben wir *sicher* vorrätig" mag gut gemeint sein, ruft beim Kunden jedoch die Frage hervor: „Was heißt sicher? Also ist es eher unsicher, dass die Bluse vorrätig ist?" Es entsteht auf Kundenseite ein ungutes Gefühl, weil das Wort „sicher" ein Ausdruck der Unsicherheit des Verkäufers ist, ob seine Aussage tatsächlich stimmt. Das ist eine sprachlich diffizile Herausforderung, deren Bewältigung des Trainings bedarf.

Phase 2 – die Ansprache:
Den kundentypgerechten Gesprächseinstieg wählen

Der Gesprächseinstieg nach der Begrüßung ist der Moment, bei dem der Verkäufer viele Sympathiepunkte einbüßen kann. Denn nicht jeder Kunde möchte direkt mit dem Verkäufer sprechen oder von ihm beraten werden. Es gibt sogar Kundentypen, die sich von dem Verkäufer bedrängt fühlen und befürchten, von ihm dominiert zu werden.

Darum ist der Small Talk nicht nur berühmt, sondern zuweilen auch berüchtigt – zum Beispiel, wenn der Kunde vermutet, der Verkäufer wolle ihm nicht nur ein Gespräch aufdrängen, sondern überdies das Gesprächsthema bestimmen. Der Kunde zieht sich in sein Schneckenhaus zurück, er formuliert sofort Einwände – also Vorwände, um sich den Verkäufer „vom Leib zu halten" und ihm zu zeigen, dass er nicht bereit ist, sich von ihm dominieren zu lassen.

Es lohnt sich darum, in dieser sensiblen Gesprächsphase eine Typologie wie etwa Insights MDI® zu kennen und sie nicht nur auf Führungskräfte und Mitarbeiter, sondern auch auf die Kunden zu beziehen, um kundentyporientiert zu agieren.

Zur Erinnerung: Die wichtigsten Charaktereigenschaften der vier Farbtypen sind im Erfolgsbaustein 4 bezüglich der Führungskraft und der Mitarbeiter bereits vorgestellt worden. Jetzt geht es darum, die Typologie auch auf die Kunden zu beziehen.

Den eigenen Verhaltensstil dem Verhaltensstil des Kunden anpassen

Es gibt keinen allgemeingültigen Gesprächseinstiegssatz, der den Erfolg garantiert. Kundentypgerechtes Verhalten heißt, den Kunden individuell einzuschätzen und einen entsprechenden Gesprächseinstieg zu wählen – oder bestimmte Einstiege auch nicht zu wählen, so wie bei dem Kunden oben, bei dem es kontraproduktiv wäre, einen Small Talk etwa über das Wetter zu beginnen.

Für die vier Farbtypen, die Sie im Erfolgsbaustein 4 bei der Vorstellung von Insights MDI® kennengelernt haben, gilt daher:

➤ Der **Unterstützer und der Inspirator** brauchen einen **emotionalen Gesprächseinstieg**, der mit einem Small Talk verknüpft werden kann. „Wie kann ich Ihnen helfen?" – das ist bei diesen Kundentypen zu sachlich und zu gewöhnlich formuliert. Hier kommt ein Kompliment, das zugleich den Einstieg in den Small Talk ermöglicht, besser an. Der Verkäufer sollte überlegen, wie er zu Hause bei der Begrüßung als Gastgeber vorgeht und dieses Verhalten auf den Kundenkontakt überträgt. Zudem sollte sich der Verkäufer fragen, wie er gerne begrüßt wird, wenn er als Kunde auftritt. Diese Überlegung wird ihn auf kreative Ideen bringen, die er für seine Kundengespräche nutzen kann.

➤ Der **Direktor und der Beobachter** hingegen wollen gerne **schnell zur Sache kommen**. Sie möchten Informationen und Nutzenargumente vom Verkäufer hören, damit sie über eine Entscheidungsgrundlage verfügen. Bei beiden ist der Small Talk nicht beliebt. Der Beobachter sollte erst angesprochen werden, wenn er sich mit einem Produkt, einer Ware beschäftigt, also sozusagen auf „Beobachterposten" gegangen ist und sich hilfesuchend umschaut. Der Direktor spricht den Verkäufer in der Regel selber an oder signalisiert diesem, dass und wann er angesprochen werden möchte.

Wichtig ist auch die Frage, zu welchem Typus der Verkäufer gehört. Es gibt das Sprichwort „Gleich und gleich gesellt sich gern". Gleiche Typen kommen oft recht gut miteinander aus und verstehen sich sofort. Aber: Ein guter Verkäufer zeichnet sich dadurch aus, dass er sich auch auf andere Menschen einstellen kann, mit denen er sich also nicht „wie von selbst" auf eine Wellenlänge einschwingen kann. Dazu muss er die für ihn selbst typischen Verhaltensweisen kennen und sie auf den jeweiligen Kundentypus abstimmen – das zeigen die folgenden Beispiele:

➤ Der Verkäufer ist ein Inspirator. Die Gefahr: Er spricht gerne über seinen letzten Urlaub oder seine Familie – und vergisst darüber den Verkauf. Plötzlich hat der Kunde keine Zeit mehr und muss den Laden verlassen. Oder der Kunde gehört zu den analytischen Beobachtern, die überhaupt kein Interesse an den Urlaubserzählungen des Verkäufers haben. Der Verkäufer muss sich also zurücknehmen und zurückhalten und für den Beobachter-Kunden besser eine Kosten-Nutzen-Rechnung erstellen.

➤ Ist der Verkäufer eher ein Direktor, wird es ihm wohl schwer fallen, dem Kunden zuzuhören. Das Problem: Die Meinung des Verkäufers zum Nutzen ein und desselben Kleidungsstücks kann durchaus vom Nutzenempfinden des Kunden abweichen. Wenn der dominante Verkäufer meint, der Nutzen einer Jacke sei vor allem in deren Funktionalität begründet, das Interesse des Kunden aber der

"Prestige-Jacke" gilt, werden die zwei Gesprächsteilnehmer konsequent aneinander vorbeireden.

Die Voraussetzung: den Kundentyp erkennen

Bei jeder Kundentypologie gilt: Ist es erst einmal gelungen, den Kundentyp einzuschätzen, und ist der Verkäufer des Weiteren in der Lage, seinen eigenen Verhaltensstil dem des Kunden anzupassen, kann ein kundenorientiertes Gespräch zustande kommen. Voraussetzung ist mithin die Fähigkeit, die Kundenpersönlichkeit möglichst realistisch einzuschätzen.

Die folgende Checkliste (Abbildung 16) fasst zusammen, welches Auftreten für die **vier Kundentypen** relevant ist und was der Verkäufer im Umgang mit ihnen beachten sollte.

Checkliste: Kundentypen erkennen

Der rote Farbtyp: der dominante Direktor

Das ist ihm wichtig:
- Der Direktor benötigt die schnelle und sachliche Information, er konzentriert sich auf das Wesentliche.

Daran ist er zu erkennen:
- Kleidung: klassisch, modern
- Dominante Erscheinung, präzise Bewegungen, gerade Haltung
- Steuert und kontrolliert die Situation
- Prüfender, fast bohrender Blickkontakt
- Normale Körperdistanz mit testenden Übergriffen

Tipps für den Umgang mit dem Direktor:
- Der Verkäufer agiert sehr genau, schnell und aufmerksam im Verhalten und in der Sprache.
- Er arbeitet mit pointierten Bemerkungen und unterlässt Flapsigkeiten.
- Er überlässt dem Kunden die Entscheidung.
- Er überzeugt ihn mit Fakten.
- Er schaut den Kunden selbstbewusst an.
- Er tritt selbstbewusst und korrekt auf.
- Er vermittelt den Produktnutzen mithilfe präziser Fakten, die hohe Qualität und großen Nutzen versprechen.

Schritt 4 – Verkauf und Beratung

Der gelbe Farbtyp: der initiative Inspirator
Das ist ihm wichtig:
- Der Inspirator will begeistern und will begeistert werden. Er agiert marken- und imagebewusst.

Daran ist er zu erkennen:
- Kleidung: eher modisch, auffällig
- Auffällige Accessoires
- Raumgreifende Gesten und Bewegungen
- Liebt Publikum und Zuhörer, redet viel und impulsiv, unterbricht gerne
- Zeigt Initiative
- Starker Blickkontakt
- Eher geringe Körperdistanz, es kommt zu Berührungen

Tipps für den Umgang mit dem Inspirator:
- Der Verkäufer gibt Bestätigung und Lob, ist emotional und locker.
- Er hört den Geschichten des Kunden zu.
- Er versucht, den Kunden mitzureißen und zu begeistern.
- Er hält den Blickkontakt und kommuniziert auf einer persönlichen und offenen Ebene.
- Er ist spontan und reagiert schnell.
- Er beschreibt den Produktnutzen emotional und mit Worten, die seine Anerkennung ausdrücken, geht nicht ins Detail.

Der grüne Farbtyp: der stetige Unterstützer
Das ist ihm wichtig:
- Der Unterstützer sucht die harmonische und persönliche Beziehung zum Gesprächspartner, also auch zum Verkäufer.

Daran ist er zu erkennen:
- Kleidung: eher bequem, unauffällig
- Freundliches Gesicht
- Entgegenkommendes Verhalten, liebenswert
- Drückt durch Nicken seine Zustimmung aus
- Verhält sich abwartend und schüchtern
- Eher geringe Körperdistanz

Tipps für den Umgang mit dem Unterstützer:
- Der Verkäufer begegnet dem Kunden mit Geduld und Aufmerksamkeit.
- Er kommuniziert auf der persönlichen Ebene, ist bewusst nett, geduldig und aufmerksam.
- Er gibt dem Kunden konkrete Entscheidungshilfen.
- Er geht ehrlich auf die Bedürfnisse des Kunden ein, um Vertrauen aufzubauen.
- Er beschreibt den Produktnutzen mit Gefühlen, die Sicherheit und Wohlfühlen ausdrücken.

Schritt 4 – Verkauf und Beratung

Der blaue Farbtyp: der gewissenhafte Beobachter

Das ist ihm wichtig:
- Der Beobachter benötigt überzeugende Argumente und klare Fakten zur Entscheidungsfindung.

Daran ist er zu erkennen:
- Kleidung: eher unmodern oder klassisch unauffällig
- Ernstes Gesicht, wenig Blickkontakt
- Kaum Gesten und Bewegung
- Sachliche, unmelodische Sprache, oft schweigsam
- Verhält sich abwartend
- Eher große Körperdistanz

Tipps für den Umgang mit dem Beobachter:
- Der Verkäufer tritt aufmerksam und formell auf.
- Er kommuniziert sachorientiert, nimmt sich dabei aber Zeit und hört genau zu.
- Er vermeidet Sprüche und biedert sich nicht an, um „Nähe herzustellen".
- Er legt Gesprächspausen ein und fragt gezielt nach.
- Er lässt den Kunden ausreden, bedrängt ihn nicht.
- Er baut selten, aber immer wieder Blickkontakt auf.
- Er drückt den Produktnutzen mithilfe detaillierter Fakten aus, die dem Kunden Sicherheit geben und nachprüfbar sind.

Abbildung 16

Phase 3 – die Bedarfsermittlung: zuhören, zuhören und zuhören

Lassen Sie uns kurz rekapitulieren: Der Verkäufer hat den Kunden begrüßt und den idealen Gesprächseinstieg gefunden. Jetzt geht es darum, möglichst exakt festzustellen, was der Kunde gerne kaufen möchte. Und was eignet sich besser dazu, als Fragen zu stellen und genau und aktiv zuzuhören!

Das hört sich so leicht an – und ist dennoch so schwer. Der Hauptfehler, der vielen Verkäufern unterläuft: Ihr Redeanteil ist höher als der des Kunden. Doch wer selbst redet, erfährt nichts vom Kunden. Die Verkäufer vergessen, dass ihnen der liebe Gott – nach Goethe – zwei Ohren, aber nur einen Mund mitgegeben hat, damit wir doppelt so viel zuhören wie sprechen. Und darum ist es für einen Topverkäufer notwendig, sich nicht nur mit den verschiedenen Fragetechniken zu beschäftigen, sondern überdies mit den verschiedenen Zuhörtechniken – darauf hat Lothar Stempfle in dem Artikel „Erfolgreich zuhören" aufmerksam gemacht.

Das aufnehmende Zuhören

Die einfachste Art des Zuhörens ist **das aufnehmende Zuhören**: Der Verkäufer wartet, bis der Kunde zu Ende gesprochen hat – er lässt ihn ausreden. Mit Äußerungen wie „Ja, richtig", „Das stimmt", „Verstehe" oder Ermunterungen wie „Erzählen Sie mehr darüber" oder auch durch bestätigendes Kopfnicken signalisiert er, dass der Kunde und er immer noch auf derselben Wellenlänge funken. Zudem motiviert und ermutigt er ihn zum Weiterreden. Durch das aufnehmende Zuhören hält der Verkäufer das Gespräch im Fluss und sorgt dafür, dass seine Zuhörkonzentration auf einem hohen Niveau bleibt. Automatisch überprüft er, ob er die Aussagen des Kunden verstanden hat.

Das aufnehmende Zuhören genügt, wenn der Kunde dem Verkäufer genau sagt, was er sucht, etwa „ein weißes Businesshemd, Kragenweite 41, extra langer Arm, Umschlagmanschette, slim fit der Marke xy". Es ist vor allem der rote Kundentyp, also der Direktor, der mit diesen präzisen Vorstellungen auf den Verkäufer zukommt. Die anderen Kundentypen brauchen meistens die Unterstützung des Verkäufers, um sich für den Kauf zu entscheiden. Jetzt heißt es den Bedarf zu ermitteln oder besser: zu wecken, denn ohne Bedarf kein Kauf.

Das aktive Zuhören

Und dabei ist das **aktive Zuhören** nützlich, bei dem der Verkäufer sich verstehend auf den Kunden einlässt. Was heißt das konkret? Nun – der Verkäufer nutzt die Zeit, in der der Kunde spricht, um sich darüber Klarheit zu verschaffen, was der Gesprächspartner zum Ausdruck bringen will.

Das aktive Zuhören drückt sich auch dadurch aus, dass er die Äußerungen des Kunden in eigenen Worten oder mit anderen Ausdrücken wiedergibt und konkret nachfragt. Wichtig ist, als Verkäufer zu er-hören, was der Kunde wünscht, und die Kundenwünsche in eigenen Worten zu wiederholen. Dies sollte in einer Sprache stattfinden, die frei ist von irritierendem Fachvokabular. Also: Erst genau zuhören, dann das Gehörte umschreibend wiedergeben.

Die Königsklasse des Zuhörens besteht darin, auf das einzugehen, was der Kunde zwischen den Zeilen und mit seiner Körpersprache zum Ausdruck bringt. Der Verkäufer spürt nach, wie dem anderen zumute ist, und zieht in Betracht, wie etwas gesagt und von welchen non-verbalen Zeichen das gesprochene Wort begleitet wird: Welche Rückschlüsse erlauben die Gestik und Mimik des Kunden?

Stopp, Herr Hinkel, ich habe da mal eine Frage!

Können Sie dazu ein Beispiel geben?
Lassen Sie uns dabei wieder kundentyporientiert vorgehen. Der blaue Kundentyp, der Beobachter, hat auch schon seinen Bedarf im Kopf, zum Beispiel das weiße Businesshemd. Aber welche Marke und Passform er will, das weiß er noch nicht. Er benötigt dazu den Vergleich zwischen verschiedenen Hemden, um dann die Gewissheit zu haben, das richtige zu kaufen. Bei den emotionalen Kundentypen gilt es, über ein geschicktes Gespräch den Bedarf zu ermitteln oder zu wecken. Dafür bieten sich offene Fragen an, also W-Fragen, die mit Was, Wo, Wie oder Warum beginnen und den Kunden zum Reden bringen. Mit einer offenen Frage verhindern Sie, dass der Kunde auf Ihre Fragen mit einem schlichten „Nein" antwortet. Die Fragen nutzen Ihnen aber nur, wenn Sie bei den Antworten genau zuhören! Was sagt der Kunde genau? Ein Beispiel – er sagt: „Ich möchte eine Jacke kaufen, um mit meinen Freunden zu wandern." Ihre nächste Frage könnte sein: „Welche Jacken tragen denn Ihre Freunde beim Wandern?"

Warum das? Warum sollte den Verkäufer interessieren, was die Freunde anhaben?
Der Kunde betont, dass er die Jacke zum Wandern benötigt – und zwar mit seinen Freunden. Die Wahrscheinlichkeit, dass der Kunde eine Jacke sucht, die ihm auch die Akzeptanz seiner Freunde einbringt, ist hoch. Denn irgendeine Jacke, die er auch zum Wandern anziehen könnte, wird ja wahrscheinlich schon in seinem Kleiderschrank hängen. Diesen Rückschluss kann der Verkäufer nur ziehen, wenn er genau und verstehend zuhört.

Und was hat es mit der Beachtung der Körpersprache auf sich?
Diese Beobachtungsgabe wird wichtig, wenn der Kunde die Frage nach den Jacken

der Freunde beantwortet. Der Verkäufer muss nun auch auf die nonverbalen Signale achten, die der Kunde aussendet. Denn diese zeigen ihm an, ob er mit seiner Vermutung, der Kunde wolle eine „Prestige-Jacke" kaufen, richtig liegt. Und wenn das Gespräch so verläuft, dass der Verkäufer dem Bedarf des Kunden noch nicht auf die Schliche gekommen ist, wird er dies an der ablehnenden Körpersprache des Kunden erkennen können – wenn er denn zum aktiven Zuhören fähig ist.

Wichtige Fragetechniken beherrschen

Es klang bereits an: Grundsätzlich sollte der Verkäufer mit offenen Fragen arbeiten: Denn mit ihnen leitet er einen offenen Dialog ein, bringt den Kunden zum Reden, erhält neue Informationen und erschließt sich den Weg zu den Kaufmotiven. Informationsfragen, Präzisierungsfragen, Alternativfragen, Bestätigungsfragen – all diese Fragearten ermöglichen die wertschätzende Gesprächsführung, in der die Kundenerwartungen in den Mittelpunkt rücken.

Mit der Alternativfrage bietet der Verkäufer dem Kunden eine Auswahl an Entscheidungsoptionen an und klammert damit andere, für ihn, den Verkäufer, unliebsame Alternativen aus. Und das ist natürlich vor allem die Antwort „Nein". Die Alternativfrage kann bei der Bedarfsermittlung ebenso eingesetzt werden wie beim Zusatzverkauf.

Kommen wir zunächst einmal zur Bedarfsermittlung. Ein Beispiel ist: „Suchen Sie Feinstrick oder Grobstrick?" Würde der Verkäufer lediglich fragen: „Suchen Sie Feinstrick?", beträgt die Wahrscheinlichkeit 50 Prozent, dass der Kunde verneint.

Um den Einsatz der Alternativfrage beim Zusatzverkauf zu veranschaulichen, besuchen wir kurz ein Restaurant. Wer kennt nicht die Frage nach dem Essen beim Italiener: „Möchten Sie noch einen Espresso oder einen Cappuccino?" Das ist eine sehr professionelle Frage, denn die meisten Menschen wählen eine der Alternativen aus – und werden eben nicht „Nein" sagen.

Werden wir hingegen gefragt: „Möchten Sie noch etwas nach dem Essen?", steigt die Wahrscheinlichkeit, dass wir mit einer eindeutigen Verneinung antworten, erheblich. Und natürlich greift beim Kauf eines Kleidungsstücks dasselbe Prinzip.

Schritt 4 – Verkauf und Beratung

Stopp, Herr Hinkel, ich habe da mal eine Frage!

Wird die Alternativfrage nicht auch oft in der Abschlussphase eingesetzt?
„Möchten Sie die Krawatte so mitnehmen oder darf ich sie Ihnen als Geschenk einpacken?" Das ist ein Beispiel, um den Kunden zum Abschluss zu führen. Die Technik hat sich bewährt, wenn der Verkäufer das grundsätzliche Ja des Kunden absehen kann, dieser jedoch noch zögert.

Eine weitere wichtige Frageart ist die **Kontroll- und Bestätigungsfrage**. Mit ihr wiederholt der Verkäufer das, was der Kunde gesagt hat, in Frageform. Sie zielt darauf ab, Missverständnisse zu vermeiden und den momentanen Gesprächsstand festzuhalten: „Habe ich Sie darin soweit richtig verstanden?" oder „Sehe ich das richtig so?"

Nutzenargumentation auf Kundentyp abstimmen

Aktives Zuhören und konsequentes Nachfragen führen den Verkäufer zu den Kaufmotiven der Kunden. Je nach Kaufmotiv sollte er dann den Nutzen benennen – natürlich wieder strikt kundentyporientiert. Nehmen wir an, zwei Kunden interessieren sich für eine wasserdichte Jacke. Der Verkäufer stimmt die Nutzenargumentation auf den Kundentyp ab:

▶ Beim rot-dominanten Direktor sagt er: „Diese Jacke hat verschweißte Nähte und ist damit *die eine* Jacke, die wirklich zu 100 Prozent wasserdicht ist. Die meisten anderen Jacken haben keine verschweißten Nähte und lassen trotz wasserdichten Obermaterials die Nässe an den Nähten durch. An den Nähten ist nämlich die wasserdichte Membran durchlöchert."

▶ Beim grünen Unterstützer lautet die Argumentation: „Wenn Sie diese Jacke nehmen, haben Sie das sichere Gefühl, bei jedem Wetter optimal geschützt zu sein. Sie werden es immer wohlig warm in dieser Jacke haben, egal wie stark es regnet."

Phase 4 – die Warenvorlage: Stets mehrere Alternativen bieten

Sobald der Verkäufer den Kundenbedarf näher eingegrenzt hat und weiß, was dem Kunden nutzt, legt er ihm die Ware vor. Wie bei der Alternativfrage ist es von großer Bedeutung, dem Kunden Alternativen zu bieten. Als Grundregel hat es sich bewährt, dem Kunden drei Teile zur Auswahl vorzulegen. Sind es weniger, besteht die Gefahr, dass nicht das Richtige dabei ist und der Kunde frustriert wird, also ungute Gefühle entwickelt. Ihm fehlt zudem die Möglichkeit, Waren zu vergleichen, also selbst aktiv zu werden.

Liegen ihm mehr als drei Teile vor, könnte der Kunde angesichts der Vielzahl der Optionen überfordert werden. Es geht ihm dann so wie dem Supermarktbesucher, der vor den Regalen steht und sich vor lauter ähnlichen Angeboten nicht entscheiden kann: Wer die Wahl hat, hat die Qual.

In beiden Beispielen fällt es dem Kunden also schwer, eine positive Kaufentscheidung zu fällen. Daraus folgt: Der Verkäufer sollte dem Kunden bei der Warenvorlage nicht zu viele und nicht zu wenige Artikel zur Auswahl stellen: „Aller guten Dinge sind drei."

Das rasche Kunden-Nein verhindern

In dieser Gesprächsphase begegnet dem Verkäufer häufig ein Wort, das er gar nicht gern hört: das Nein des Kunden. Wie kann er das voreilige Nein des Kunden verhindern?

Dies gelingt, indem er zwei gleichwertige Offerten anbietet: grüner oder blauer Pullover, Kurzarm oder Langarm, kleine oder große Tragetasche, langer oder kurzer Rock, die rote oder beide Blusen, die engere oder die locker sitzende Hose, die reine Baumwollqualität oder die mit ein wenig Elastan, Casual oder City Style, eleganter oder sportlicher Anlass, die lockere oder enge Passform, die mit oder ohne Gesäßtaschen, Bezahlung mit ec oder bar, Wasser oder Kaffee zur Erfrischung?

Ziel des Verkäufers ist es, zwar zwei gleichwertige Alternativen anzubieten, aber doch die letztgenannte Option durchzusetzen. Entscheidend dabei ist die Gleichwertigkeit der Angebote, die das allzu schnelle Kunden-Nein verhindern soll, indem ihm gleich zwei „unschlagbare" Waren angeboten werden.

Schritt 4 – Verkauf und Beratung

Ein Beispiel verdeutlicht die Wirkungsweise: Stellen wir uns vor, ein Kunde würde nach drei Dingen gefragt, die er mit Nein beantworten muss:

➤ „Suchen Sie eine Jeans?" Der Kunde: „Nein, etwas Elegantes."

➤ „Soll die Hose schwarz sein?" Der Kunde: „Nein, weiß."

➤ „Bevorzugen Sie Bootcut?" Der Kunde: „Nein, Röhre ist mir lieber."

Wahrscheinlich fühlt sich der Kunde bei diesem Verkäufer, der ihn zum Nein-Sagen geradezu zwingt, nicht gut aufgehoben. Darum sollte der Verkäufer besser wie folgt vorgehen und fragen:

➤ „Soll die Hose sportlich oder elegant sein?"

➤ „Bevorzugen Sie dunkle oder helle Farben?"

➤ „Mögen Sie schlankes oder ein weites Bein?"

So kommt der Verkäufer schneller zum Ziel, ohne auch nur ein einziges Nein zu hören zu bekommen. Jetzt können sich beide wohl fühlen – der Kunde und der Verkäufer.

Stopp, Herr Hinkel, ich habe da mal eine Anmerkung!

Der konstruktive Umgang mit dem Kunden-Nein scheint mir wichtig zu sein, denn viele Verkäufer lassen sich so allzu rasch verunsichern und entmutigen.
Ein Verkäufer sollte die innere Einstellung aufbauen, dass die Ablehnung und das Kunden-Nein zu seinem Berufsbild und zu seiner Tätigkeitsbeschreibung dazugehören wie der Name an der Tür. Es sind notwendige Schritte auf dem Weg zum Ziel – selbst ein Top-Torjäger vergibt mehrere Chancen, bevor er ins Schwarze trifft. Während der eine Verkäufer mehr schlecht als recht gegen seine Frustration ankämpft, das „Nein" persönlich nimmt und an sich und seiner Berufswahl zweifelt, dreht der

Top-Verkäufer an diesem Punkt erst so richtig auf. Er macht sich nicht abhängig von den extremen Gefühlsschwankungen zwischen dem „Himmelhoch jauchzend" und dem „Zu Tode betrübt".

Viele Verkäufer haben auch Angst vor dem Nein, weil sie sich so als Mensch persönlich abgelehnt fühlen.
Aber nicht nur Abschlüsse sind Erfolge. Um im Fußballjargon zu bleiben: Ein Torjäger, der eine Zeitlang nicht selbst trifft, aber trotzdem kämpft und den Kameraden die Tore auflegt, sammelt durch die kluge Vorbereitung Punkte. Und auch wenn eine Kundenansprache nicht direkt ins Schwarze trifft, kann der Verkäufer einen Fortschritt konstatieren: Er hat zum Beispiel Vertrauen zum Kunden aufgebaut – beim nächsten oder übernächsten Mal wird der Kunde dann auch kaufen! Der Verkäufer muss sich klar machen: Ein Verkaufsgespräch, bei dem der Kunde alles abnickt, was der Verkäufer sagt, ohne auch nur einmal etwas zu hinterfragen – ein solches Verkaufsgespräch gibt es schlechterdings nicht!

Die Preisdiskussion bestehen

Irgendwann ist der Zeitpunkt da, zu dem der Verkäufer Preise nennen muss. Bereits bei der Bedarfsermittlung kann dies der Fall sein, spätestens aber beim Zusatzverkauf – oder aber bei der Warenvorlage.

Die Preisverhandlung gehört gewiss zu den schwierigsten Gesprächsphasen. Wichtig ist: Der Einwand „Das ist aber teuer" basiert auf einem Vergleich, den der Kunde anstellt. Dabei äußert er jedoch nicht, wie dieser Vergleich zustande kommt. Die Aufgabe des Verkäufers besteht darin herauszufinden, womit der Kunde vergleicht. Wenn er dies weiß, kann er entscheiden, wie er reagieren sollte, und die Preisverhandlung auf solide Füße stellen.

Nehmen wir zur Verdeutlichung das folgende Beispiel:

▶ Kundin: „Das ist mir zu teuer!"

▶ Verkäufer: „Im Verhältnis wozu?"

▶ Kundin: „Im Verhältnis zu den anderen."

Schritt 4 – Verkauf und Beratung

▶ Verkäufer: „Im Verhältnis zu welchen anderen?"

▶ Kundin: „Zu denen von Esprit."

▶ Verkäufer: „Möchten Sie lieber bei unseren Esprit-Jacken schauen oder darf ich Ihnen den Preisunterschied erklären?"

▶ Der Verkäufer hat das Argument „zu teuer" entkräftet und ist wieder im Verkaufsgespräch angekommen, das schon zu scheitern drohte.

Weitere Vergleichsmaßstäbe sind: ein anderes Angebot, Aussagen anderer Personen – etwa von Freunden oder Kollegen –, ein früherer Preis oder die Material- und Produktqualität. Immer gilt: Durch Fragetechnik kommt der Verkäufer der Ursache für den Vergleich auf die Spur und erhält konkrete Informationen, an denen er bei der Preisverteidigung anknüpfen kann.

Vergleicht der Kunde den Preis mit dem Budget, das ihm zur Verfügung steht, fragt der Verkäufer nach der Höhe des Budgets und kann ihm ein entsprechendes Angebot unterbreiten oder eine – sagen wir zum Beispiel – Jeans vorlegen, welche preislich der verfügbaren Geldsumme des Kunden entspricht.

Eine weitere bewährte Technik ist die Sandwichmethode: Der Verkäufer nennt den Preis nie isoliert, sondern verpackt ihn immer in zwei Nutzenaspekte, also: Vorteil 1, Preis, Vorteil 2: „Dieser Pulli aus hochwertigem, super weichem Cashmere hat einen Preis von 399 Euro und ist vom Toplabel xy."

Zudem kann er die Ausgleichstechnik anwenden: „Wenn Sie den Preis isoliert betrachten, könnte er Ihnen tatsächlich zu hoch erscheinen. Doch der echte Preis zeigt sich erst beim Gebrauch. Dabei erfahren Sie, welche hohe Qualität und Funktionalität die Jacke hat." Der Verkäufer lässt den Preis also nie allein stehen, sondern setzt ihn immer zu etwas in Beziehung, etwa zur Passform, zur Qualität oder auch zur Wirkung auf andere Menschen.

Ein guter Verkäufer hat preismäßig mehrere Angebotsvarianten „im Ärmel" und beginnt bei der Warenvorlage immer „von oben", präsentiert also erst die Jeans für 299 Euro, dann die für 199 Euro und schließlich die Hose für 99 Euro.

Weitere Tipps für die Preisverhandlung sind:

- Der Verkäufer „verkleinert" den Preis durch sprachliche Zusätze wie Einführungs-, Treue-, Angebots- oder Niedrig-Preis.

- Er rechnet den Preis auf kleinere Mengen herunter: „Das sind knapp 9,90 Euro pro T-Shirt in diesem 3er-Pack."

- Er vermeidet Wörter wie „teuer", „billig" – wer will schon gerne etwas „Billiges" einkaufen? – und benutzt das Wort „günstig".

- Er vermeidet Formulierungen wie „Das kostet Sie allerdings …" und sagt besser „Sie investieren lediglich …"

Phase 5 – die Anprobe: Vertrauen aufbauen und rechtfertigen

In dieser Phase kommt es darauf an, endgültig das Vertrauen des Kunden und seine Sympathie zu gewinnen. Denn die meisten Artikel werden natürlich auch in anderen Geschäften angeboten. Was hindert den Kunden also daran, sich im Geschäft zu informieren, dann jedoch den Artikel bei der Konkurrenz zu kaufen, weil er dort vielleicht etwas günstiger ist? Oder der Kunde eilt nach Hause an den PC und bestellt die Ware online.

Natürlich: Der Kunde kauft zum Beispiel die Jeans bei dem Verkäufer eben nicht, weil er der Einzige ist, der die Jeans verkauft, sondern weil der Kunde ihn mag, ihm vertraut und ihm das Geschäft insgesamt gefällt. Darum sollten jetzt all die Hinweise zum Vertrauensaufbau und zur Emotionalisierung des Kundenkontakts, die hier zur Sprache gekommen sind, von dem Verkäufer doppelt und dreifach beherzigt werden.

Unter anderem kann der Verkäufer jetzt seine ehrliche und offene Meinung äußern und dem Kunden auch sagen, wenn ihm die Jeans nicht steht oder ihm konkrete Tipps bei Problemen geben: „Die Hose sitzt super und die Beine kürzen wir für Sie."

Schritt 4 – Verkauf und Beratung

Vorwände und Einwände erkennen und behandeln

In der Anprobephase rückt die Kaufentscheidung immer näher – und darum muss der Verkäufer damit rechnen, dass der Kunde Einwände erhebt. Dabei gilt: Widerstände des Kunden, die sich in Vor- und Einwänden konkretisieren, sind völlig normal. Der Kunde erhebt Einwände auch aus dem Grund, um sich Geltung zu verschaffen.

Für den Verkäufer gilt: Kunden, die Einwände formulieren, sind grundsätzlich nicht abgeneigt, eine positive Kaufentscheidung zu fällen – sie brauchen aber noch einen weiteren oder gar letzten Anstoß, um sich zu einer Entscheidung durchringen zu können. Konkret: Auch der Widerstand des Kunden ist ein Schritt auf dem Weg zur Kaufbereitschaft.

Einwände, die der Kunde erhebt, sind Meinungen und müssen als solche akzeptiert werden. Sie sind für den Verkäufer ein Indiz dafür, dass der Vorteil oder Nutzen, den er dem Kunden deutlich machen wollte, noch nicht richtig beim Gesprächspartner angekommen ist. Zudem ist der Kunde wahrscheinlich unsicher und hat Angst vor der Entscheidung. Der Verkäufer muss ihm dabei helfen, die richtige Entscheidung zu treffen.

Stopp, Herr Hinkel, ich habe da mal eine Frage!

Ich habe es oft erlebt, dass es in dieser Phase des Gesprächs zur Konfrontation zwischen Kunde und Verkäufer kommt. Wie lässt sich das vermeiden?
Der Verkäufer sollte der Einwandbehandlung eine Verständnisformulierung vorschalten, zum Beispiel: „Das kann ich gut nachempfinden, das überrascht mich nicht und das kann ich gut verstehen, dass Sie der Meinung sind ..."

Schritt 4 – Verkauf und Beratung

Vorwände: Den Kunden wieder ins Verkaufsgespräch zurückholen

Zudem gibt es Vorwände des Kunden – das sind meistens Schutzbehauptungen oder vorgeschobene Einwände des Kunden, um aus dem Verkaufsgespräch auszusteigen, ohne dies dem Verkäufer direkt auf den Kopf zu sagen zu müssen. Typische Formulierungen sind:

➤ „Das ist mir zu teuer!"

➤ „Können Sie mir das zurückhängen?"

➤ „Ich komme mit meinem Partner noch mal wieder."

➤ „Das gefällt mir nicht."

Gemeint ist stets: „Das ist nicht das, was ich suche" oder „Mir ist es peinlich zu sagen, dass ich nicht so viel Geld dafür ausgeben kann." Der Verkäufer muss in solchen Fällen konsequent versuchen, dem Kunden doch noch die Ware vorzulegen, die ihm eventuell gefallen könnte, oder die Vorteile zu benennen, die für den Kunden von großer Bedeutung für eine positive Kaufentscheidung sind.

Hat der Verkäufer einen Einwand als Vorwand identifiziert, bieten sich die folgenden Reaktionsweisen an:

➤ Vorwand „zu teuer": „Danke, dass Sie das so offen ansprechen. Möchten Sie generell keine 200 Euro für eine Jeans ausgeben oder gefällt Ihnen diese Jeans im Vergleich zu den anderen Jeans nicht?"

➤ Vorwände „Ware zurückhängen, wiederkommen": „Ich kann gut verstehen, wenn Sie noch Zeit zum Überlegen brauchen. In welchen Punkten sind Sie denn noch unsicher?"

➤ Vorwand „Ware gefällt nicht": „Schön, dass Sie so ehrlich zu mir sind. Wie genau stellen Sie sich Ihre neue Bluse vor?"

Einwände mit AUAA begegnen

AUAA ist die Abkürzung für ein sehr erfolgreiches Modell der Einwandbehandlung. Es besteht aus vier Schritten.

In Schritt 1 = „**A**kzeptieren/Lob aussprechen" anerkennt der Verkäufer, dass der Kunde ihn auf etwas Wichtiges aufmerksam gemacht hat. Er verdeutlicht, dass er dem Recht des Kunden auf einen Einwand voll und ganz zustimmt. Durch konsequentes Nachfragen versucht er herauszufinden, worum es dem Kunden geht.

In Schritt 2 = „**U**mformulieren" steht im Vordergrund, dass wohl jeder Einwand zwei Botschaften enthält. Meist spricht der Kunde klar aus, was ihm nicht gefällt, teilt aber gleichzeitig unausgesprochen mit, was er gerne haben möchte. Anstatt nun auf die Botschaft „Das will ich nicht haben" einzugehen, reagiert der Verkäufer auf die Botschaft „Das ist mein Wunsch".

▶ Sagt der Kunde zum Beispiel: „Der Blauton gefällt mir nicht", fragt der Verkäufer: „Sie suchen ein wunderschönes Blau – wie stellen Sie sich das Blau vor?"

▶ Sagt der Kunde: „Das kann ich mir nicht leisten", fragt der Verkäufer: „Welcher Betrag käme denn in Frage?"

Bei Schritt 3 = „**A**rgumentieren" versucht der Verkäufer mit seiner Argumentation, den Kern des Einwands zu treffen. Auch hierzu ein Beispiel:

▶ Der Kunde erhebt den Einwand: „Die Jacke sieht aber nicht warm aus."

▶ Der Verkäufer argumentiert: „Durch die Verwendung von Microfleece ist die Jacke super leicht, schlank geschnitten und trotzdem warm. Ziehen Sie sie doch mal an, dann spüren Sie es direkt."

In Schritt 4 = „**A**bschließen" formuliert der Verkäufer einen Satz, der auf die Zustimmung des Kunden abhebt und zum Abschluss hinleitet: „Sind Ihre Bedenken damit ausgeräumt? … Wenn dieser Punkt geklärt ist, dann möchten Sie die Jacke jetzt bestimmt auch haben …"

Schritt 4 – Verkauf und Beratung

Stopp, Herr Hinkel, ich habe da mal eine Frage!

Ist es nicht etwas dreist oder zumindest verfrüht, jetzt gleich auf den Abschluss zuzusteuern?
Gerade in diesem Moment ist die Frage nach dem Abschluss äußerst wichtig. Denn der Verkäufer hat ja einen Einwand aus dem Weg geräumt. Darum darf und muss er jetzt nach dem Selbstverständlichkeitsprinzip vorgehen, wonach dem Kauf nun nichts mehr im Wege steht. Und das sollte er umgehend und offensiv ansprechen.

Phase 6 – Zusatzverkauf: Nicht um jeden Preis anstreben

Probiert der Kunde etwas an und findet Gefallen daran, kommt der Moment, in dem der Verkaufsprofi einen Zusatzverkauf anbietet. Die Krawatte zum Hemd, den Gürtel zum Schuh, die Hose oder den Rock zum Blazer. Zielführend ist es, dabei wiederum das Persönlichkeitsprofil des Kunden zu beachten.

Wer Kunden grundsätzlich einen Zusatzverkauf anbietet, wird einige Kunden damit verärgern und vielleicht sogar verlieren. Der blaue Kunde etwa braucht in der Regel ziemlich lange, um sich zu entscheiden und Vertrauen zum Verkäufer aufzubauen. Er kauft nicht spontan etwas dazu – dass passt nicht zu seiner Beobachter-Haltung. Im schlimmsten Fall zerstört der Verkäufer durch das Zusatzangebot das Vertrauensverhältnis – denn der Kunde fühlt sich unter Druck gesetzt und überrumpelt und kauft gar nichts.

Dem roten Kunden wird der Verkäufer mit einiger Wahrscheinlichkeit ebenfalls nichts zusätzlich verkaufen können. Der Direktor lehnt meistens dankend ab, ist aber nicht verärgert, es sei denn, der Verkäufer bietet ihm etwas an, was ihm überhaupt nicht gefällt.

Beim grünen Kundentyp hingegen liegt ein Zusatzverkauf durchaus im Bereich des Möglichen, weil der Unterstützer-Typ dem Verkäufer vertraut. Und dann ist man eher bereit, einem Zusatzverkauf zuzustimmen.

Auch beim gelben Inspirator ist dies möglich, sofern es dem Verkäufer gelingt, ihn zu inspirieren.

Kaufsignale erkennen

Auf mögliche Kaufsignale sollte der Verkäufer in jeder Phase des Kundenkontakts achten, etwa:

➤ Der Kunde äußert den Kaufwunsch sehr direkt: „Ja, das gefällt mir!"

➤ Aussagen und Fragen des Kunden, die darauf hinweisen, dass er sich mit den Konsequenzen der Kaufentscheidung beschäftigt. So spricht er über Themen, die erst *nach* der Entscheidung von besonderer Wichtigkeit sind und fragt beispielsweise: „Besteht eigentlich die Möglichkeit, die Bluse umzutauschen? Und wann ist dies nicht möglich?"

➤ Wenn sich der Kunde nach Details erkundigt, darf dies vom Verkäufer ebenfalls als deutliches Kaufsignal interpretiert werden.

➤ Die Sprache, die Körpersprache sowie die konkreten Handlungen des Kunden spielen eine Rolle: Der richtige Zeitpunkt, konsequent auf den Abschluss hinzusteuern, ist sicherlich erreicht, wenn der Kunde einen auffallend zufriedenen Gesichtsausdruck macht, zustimmend mit dem Kopf nickt und das Produkt immer wieder in die Hand nimmt oder zu sich heranzieht.

Der Abschluss als Krönung der verkäuferischen Tätigkeit

Der Verkaufsabschluss ist der verdiente Lohn für Fleiß, Beziehungsaufbau mit dem Kunden, Wissen und Können, Stehvermögen, Geduld, Authentizität, Begeisterungsfähigkeit und vieles mehr.

Wenn der Verkäufer den Kunden gut beraten hat, gesteht so gut wie jeder Kunde seinem Gesprächspartner zu, nun auch die Frage nach dem Abschluss zu stellen. Dazu stehen dem Verkäufer zahlreiche Abschlusstechniken zur Verfügung, von denen die drei wichtigsten sind:

➤ der **direkte Abschluss**: Der Verkäufer steuert konsequent auf den Abschluss zu, etwa mit einer geschlossenen Frage, die der Kunde nur mit „Ja" oder „Nein" beantworten kann: „Entspricht das Produkt Ihren Vorstellungen?" oder „Soll ich Ihnen das Produkt zur Kasse bringen?" Es empfiehlt sich, den direkten Abschluss nur zu suchen, wenn der Verkäufer sehr klare Kaufsignale erhalten hat.

➤ der **indirekte Abschluss:** Der Verkäufer signalisiert dem Kunden, dass jetzt die Zeit der Entscheidung gekommen ist. Er stellt Fragen, die einerseits klare Botschaften sind, aber andererseits den Kunden nicht zu sehr unter Druck setzen: „Wie gefällt Ihnen die Jeans?" und „Welche Fragen kann ich Ihnen noch beantworten?"

➤ die **Dringlichkeits-Technik**: Die meisten Menschen möchten über Dinge verfügen, die knapp sind und die nicht jedermann besitzt. Darum macht der Verkäufer sein Angebot rar und stellt es als etwas Kostbares dar: „Davon haben wir nur ein bestimmtes Kontingent zur Verfügung" oder „Das wird uns von den Kunden aus der Hand gerissen" oder „Wenn Sie sich jetzt entscheiden, kann es heute noch von der Änderungsschneiderei fertiggestellt werden."

Phase 7 – der Gang zur Kasse: Der letzte Eindruck ist auch (mit)entscheidend

Kennen Sie diese Situation? Der Urlaub in einem schönen Hotel war richtig toll. 14 Tage Entspannung und Erholung pur. Dann die Rückreise: Das Auschecken dauert ewig, das Hotel behauptet, Sie hätten angeblich jeden Tag die Minibar ausgetrunken, der Hotelmitarbeiter zeigt sich wenig kulant. Dann ist auch noch der Voucher des Reisebüros nicht auffindbar, der belegt, dass Sie das Zimmer schon bezahlt haben. Nach dem ganzen Hin und Her droht die Gefahr, den Rückflug zu verpassen. Es wird hektisch, und es ist zu allem Überfluss auch noch brütend heiß.

Was erzählen Sie Ihren Freunden und Bekannten, wenn Sie zu Hause sind, als Erstes? Wahrscheinlich die letzten negativen Erlebnisse Ihres Urlaubs. Die letzten nervigen zwei bis drei Stunden überschatten 14 tolle Tage. Nicht umsonst heißt es: „Der erste Eindruck prägt, der letzte bleibt."

Deswegen sollte der Verkäufer nach der Kaufentscheidung des Kunden beachten: Zum einen muss die Ware sorgsam behandelt werden. Die Art und Weise, wie der

Schritt 4 – Verkauf und Beratung

Verkäufer sie anfasst, zusammenlegt, verpackt und überreicht, sollte so wertschätzend wie möglich ausfallen. Der Kunde muss spüren, dass der Verkäufer die Ware *und* die Kundenbeziehung wertschätzt. Diese Wertschätzung muss bei der Begleitung des Kunden zur Kasse und bei der Bedienung an der Kasse selbst deutlich werden.

Zum anderen gilt: Der **Kassiervorgang sollte für den Kunden so angenehm wie möglich gestaltet werden**. Hier muss er sich von seinem „Liebsten", von seinem Geld trennen. Für ihn ist das schmerzlich, und oft werden jetzt Zweifel an der Kaufentscheidung wach.

Der Verkäufer bleibt darum mit dem Kunden im Gespräch, er anerkennt nochmals die Kaufentscheidung, er hebt die Vorzüge des Kleidungsstücks noch einmal hervor. Je nach Kundentyp ist ein Small Talk zielführend – der Verkäufer spricht zum Beispiel über den nächsten Anlass, zu dem der Kunde das gute Kleidungsstück trägt.

Auf keinen Fall darf der Verkäufer irgendeinen negativen Aspekt des Kleidungsstücks ansprechen. Auch wenn es gut gemeint ist: Der Hinweis, der Kunde solle aufpassen, dass die Jeans beim ersten Waschen nicht einläuft, ist in diesem Moment äußerst kontraproduktiv. Noch kann sich der Kunde kurz vor der Kasse umentscheiden! Der Verkäufer muss alles vermeiden, wodurch der Kunde den Kauf doch noch bereuen könnte.

Stopp, Herr Hinkel, ich habe da mal eine Frage!

Spricht man in der Verkaufspsychologie nicht auch von der kognitiven Dissonanz?
Ja, genau. Diese Selbstzweifel, ob man richtig gehandelt, sprich gekauft hat, und die damit verbundenen unangenehmen Gefühle werden mit diesem Begriff beschrieben.

Diese Kaufreue kann aber auch zu Hause entstehen, wenn der Kunde sich fragt, ob er richtig entschieden hat.
Darum muss der Verkäufer während der ersten Phasen des Verkaufsgesprächs darauf achten, dass der Kunde die Informationen zu einem Kleidungsstück nicht se-

lektiv wahrnimmt, also nur die positiven Aspekte sieht. Denn die selektive Wahrnehmung mag zwar für die Kaufentscheidung im Geschäft selbst günstig sein. Sie kann sich aber im Nachhinein als Stolperstein erweisen: Der Kunde lernt die nachteiligen Aspekte erst nach dem Kauf kennen oder wird sich ihrer wirklich bewusst. Und dann lehnt er die Kaufentscheidung umso vehementer ab. Im schlimmsten Fall gibt er dem Verkäufer die Schuld an dem vermeintlichen Fehlkauf: „Der hat mich nicht richtig beraten und verschwiegen, dass die Hose auf keinen Fall gewaschen werden darf." Das führt schließlich zu einer nachhaltigen Störung des Verhältnisses zwischen dem Kunden und dem Verkäufer. Darum ist es besser, ein ausführliches Kundengespräch zu führen und **mögliche Vorbehalte des Kunden frühzeitig zu erkennen und zu thematisieren**. So hat der Verkäufer die Möglichkeit, diese Vorbehalte sofort im Dialog auszuräumen.

Ein angenehmer Kassiervorgang bedeutet überdies, dass der Vorgang an sich schnell über die Bühne geht und der Verkäufer dabei stets lächelnd Blickkontakt zum Kunden hält. Er sollte ihn nochmals mit seinem Namen ansprechen, sofern ihm dieser bekannt ist. Ein Tipp: Der Name steht auf der Kreditkarte oder ec-Karte.

Ist die Bezahlung abgeschlossen, sollte der Verkäufer dem Kunden die sorgfältig eingepackte Ware *mit beiden Händen* überreichen und sich bei ihm für den Kauf bedanken. Vielleicht ist es zudem möglich, den Kunden zur Tür zu begleiten, sich dort bei ihm zu bedanken und sich dann zu verabschieden.

Phase 8 – Verabschiedung und Einladung: „Bis zum nächsten Mal!"

Eine professionelle Verabschiedung umfasst auch die Einladung für den nächsten Besuch. Die Gastgeberrolle des Verkäufers bedeutet, den Kunden zum Beispiel auf die nächste Modenschau, eine Rabattaktion oder eine sonstige Veranstaltung hinzuweisen. **„Wir bleiben in Kontakt" – das ist die Botschaft, die es auszusenden gilt.**

Indem der Verkäufer über bestimmte Events oder neue Wareneingänge informiert, hält er beim Kunden die Neugierkurve hoch. Außerdem kann er dem Kunden anbieten, einfach einmal auf ein Glas Prosecco oder eine Tasse Kaffee vorbeizuschauen, wenn er in der Nähe ist.

Bekanntlich kommt der Appetit beim Essen – und wenn der Kunde mit dem Verkäufer einen Kaffee trinkt, schaut er sich vielleicht auch ein wenig im Geschäft um.

Vom Umgang mit schwierigen Kunden

Die Kompetenz des Verkäufers ist immer dann besonders gefragt, wenn er es mit einem schwierigen Kunden zu tun hat oder sich der Kundenkontakt problematisch gestaltet. Beim Umgang mit dem dominanten roten Kundentyp etwa ist es angebracht, ihm die Gesprächsführung zu überlassen. Einwände nutzt der Rote oft, um sich gegenüber dem Verkäufer zu behaupten und klarzustellen, wer „der Herr im Haus" ist. Es ist dann besser, einen Einwand gar nicht erst zu behandeln, sondern zum nächsten Nutzenargument überzugehen.

Beim übervorsichtigen Kunden hingegen ist es notwendig, sich noch mehr als üblich in dessen Vorstellungswelt zu begeben und das Gespräch auf eine vertrauliche Ebene zu stellen.

Zu den größten Herausforderungen jedoch zählt der Umgang mit dem reklamierenden Kunden.

Das Gefühls-Chaos bändigen

Im Beschwerdefall sind Gefühle Tatsachen. Darum sind bei Kundenbeschwerden Fingerspitzengefühl, Sensibilität und die Fähigkeit gefragt, sich verstehend in den aufgewühlten Kunden einzufühlen. Der Kunde ist schlichtweg sauer, wütend, aufgebracht, er will sofort eine Lösung, zumindest aber einen Gesprächspartner, der ihm zuhört und problemlösungsorientiert mit der Reklamation umgeht. Gefühlen muss emotional begegnet werden. Für rationale Argumente ist jetzt kein Platz.

Und auch wenn der Kunde ungerechtfertigte Vorwürfe macht und vielleicht sogar ausfallend wird, sollte der Verkäufer bedenken, dass sich der Kunde in einer Ausnahmesituation befindet. Er muss daher den „Dampf" aus dem Gespräch nehmen, indem er Verständnis für seine Reaktion zeigt.

Hinzu kommt: Es mag auf den ersten Blick seltsam klingen, aber: Ein Kunde, der sich beschwert, gibt dem Verkäufer und der Filiale eine zweite Chance. Denn er geht ja nicht sofort zur Konkurrenz, sondern er will das Problem erst einmal mit dem betroffenen Verkäufer oder dem Filialleiter klären.

Stopp, Herr Hinkel, ich habe da mal eine Frage!

Sind Sie der Ansicht, eine Reklamation sei ein wahrer Glücksfall für das Geschäft?
Ja. Denn der angemessene Umgang mit ihr führt nicht nur zu einem zufriedenen Kunden. Der Filialleiter und sein Team erhalten zudem Hinweise auf Problembereiche in ihrem Geschäft. Sie wissen dann, wo konkreter Optimierungsbedarf besteht. Mit anderen Worten: Der reklamierende Kunde ist die beste Informationsquelle für Schwachstellen. Fehler, die zu Beschwerden führen, stellen eine Möglichkeit dar, zu lernen. Es gibt mithin keinen Grund, Angst vor Beschwerden zu haben – im Gegenteil.

Oberster Grundsatz des Reklamationsmanagements ist, den Kunden und sein Anliegen ernst zu nehmen, eigene Emotionen beiseite zu stellen, die „Schuld" nicht auf andere zu schieben und das Gespräch auf die sachliche Ebene zu bringen. Dabei sollte möglichst jeder Mitarbeiter in der Filiale in der Lage sein, mit unzufriedenen Kunden ein Reklamationsgespräch zu führen.

Professionelles Reklamationsgespräch führen

Bewährt hat sich der folgende Umgang mit der Kundenreklamation:

➤ Schritt 1: Die **Reklamation annehmen**. Der Kunde bringt seine Beschwerde vor. Der Verkäufer schweigt zunächst, unterbricht den Kunden nicht und hört zu. Bereits jetzt versucht er, den sachlichen Beschwerdeanlass herauszuhören. Er wartet, bis der unzufriedene Kunde „Dampf abgelassen" hat.

➤ Schritt 2: **Offen sein**. Der Verkäufer öffnet sich dem Kunden durch eine Körperhaltung, die Interesse an den Kundenäußerungen anzeigt, und sendet so das Signal aus: „Ich kümmere mich gerne um Ihr Anliegen". Er federt die Beschwerde ab: „Das ist gut, dass Sie mich darauf aufmerksam machen", zeigt Verständnis und nimmt dem Gespräch die Schärfe: „Ich kann Sie gut verstehen ...", „Es tut mir leid, dass ..." oder „Ich kann gut nachempfinden ..." sind mögliche Formulierungen in dieser Phase, in der sich entscheidet, ob das Reklamationsgespräch gelingt.

▶ Schritt 3: **Problembewusstsein zeigen**. Nun ist es wichtig, den eigentlichen Reklamationsanlass zu konkretisieren. Der Verkäufer fasst die Fakten zusammen, gibt das Problem in eigenen Worten wieder und kontrolliert so, ob die Beschwerde richtig von ihm verstanden wurde.

▶ Schritt 4: **Lösung herbeiführen**. Dann öffnet er den Lösungskoffer. Dabei bringt er eigene Lösungsangebote ins Spiel oder fragt den Kunden, welche Lösung diesem vor Augen schwebt. Kunde und Verkäufer treten in einen problemlösungsorientierten Dialog ein, nach dem Motto: „Was halten Sie davon, wenn ...?"

▶ Schritt 5: Konkrete **Vereinbarung treffen**. Der Verkäufer verbleibt so konkret wie möglich. Es empfiehlt sich, Kulanz zu zeigen.

▶ Schritt 6: Für **Reklamation bedanken**. Der Verkäufer bedankt sich beim Kunden – denn die Beschwerde eröffnet ihm die Möglichkeit, einen Kunden zufriedenzustellen, ihn an die Filiale zu binden und Störquellen in den Arbeits- und Organisationsabläufen in der Filiale aufzuspüren: „Vielen Dank, dass Sie uns mit Ihrer Beschwerde auf diesen Umstand hingewiesen haben. Sie helfen uns weiter – und unseren anderen Kunden!" Jetzt ist auch der richtige Zeitpunkt gekommen, ins Verkaufsgespräch einzusteigen, etwa, indem der Verkäufer sagt: „Möchten Sie sich noch alleine bei uns umschauen oder haben Sie schon etwas Bestimmtes im Auge, das ich Ihnen zeigen kann?"

▶ Schritt 7: **Vereinbarungen einhalten**. Das beste Reklamationsmanagement ist sinnlos, wenn die getroffenen Vereinbarungen nicht umgesetzt werden. Dem Versprechen „Wir werden gleich morgen ..." müssen Taten folgen. Darum sollte der Verkäufer nur das zusagen, was er besten Gewissens einhalten kann.

Schritt 4 – Verkauf und Beratung

Praxistransfer und Fazit

- Sie haben nun für jede der acht Phasen des Verkaufsgesprächs Hinweise erhalten, den Kundenkontakt zu professionalisieren.

- Nutzen Sie die folgende Checkliste, um für jede Phase zu klären, welche der genannten Strategien, Methoden und Techniken Sie einsetzen wollen.

- Entwickeln Sie auf diese Weise einen Gesprächsleitfaden, der auch die verschiedenen Kundentypen berücksichtigt.

Checkliste Gesprächsleitfaden

Gesprächs-phase	Strategien/Techniken, die zukünftig eingesetzt werden sollen	Maßnahmen, um verschiedene Kundentypen zu beachten	Umsetzungs-schritte
Phase 1: Begrüßung			
Phase 2: Ansprache			
Phase 3: Bedarf ermitteln			
Phase 4: Warenvorlage			
Phase 5: Anprobe			
Phase 6: Zusatzverkauf			
Phase 7: Kasse			
Phase 8: Verabschiedung			

Abbildung 17

Diese Checkliste finden Sie als Download unter www.dfv-fachbuch.de/Hinkel

Schritt 5

Ab in die Umsetzung!

Erfolgsbaustein 8

Erarbeitung eines Umsetzungsplans

Warum lesen?

▶ Sie erarbeiten einen Plan, mit dem Sie das Ziel „Mehr Umsatz pro Quadratmeter" verwirklichen können.

Schritt 5 – Umsetzung

In diesem Buch werden Ihnen Problemlösungen angeboten. Die Umsetzung jedoch können nur Sie selbst leisten. Dazu ist es notwendig, die Umsetzungstipps, die am Ende eines jeden Erfolgsbausteins in dem Infokasten „Praxistransfer und Fazit" zu finden sind, auf Ihre jeweilige individuelle Situation und auf Ihren Verantwortungsbereich zu beziehen.

Die folgende Übersicht fasst die Umsetzungstipps so zusammen, dass Sie sie möglichst rasch und unproblematisch einsetzen können.

Erfolgsbaustein 1:
Ist-Situation im Fashion Retail analysieren

➤ Prüfen Sie, ob Sie die Forderung „mehr Umsatz durch mehr Quadratmeter" durch die Forderung „mehr Umsatz pro Quadratmeter" ablösen müssen und wollen.

➤ Erstellen Sie dazu für Ihr Filialnetz eine Marktanteilsliste. Nutzen Sie dazu die Informationen ab der Seite 30. Die Marktanteilsliste zeigt, in welchen Filialen die Geschäfte „besonders gut" laufen. Prüfen Sie, was sich von diesen „Benchmark-Filialen" auf andere Filialen übertragen lässt.

Erfolgsbaustein 2:
Analyse Ihrer individuellen Filialrealität –
Engpassfaktor feststellen und beseitigen

➤ Füllen Sie bei den regelmäßigen Besuchen Ihrer Filialen die auf die jeweilige Filialrealität bezogene Filialbesuchs-Checkliste aus. Nutzen Sie dazu die Checkliste auf der Seite 40.

➤ Erstellen Sie eine Situationsanalyse. Die Vorlage auf der Seite 52 hilft Ihnen dabei.

➤ Fertigen Sie eine SWOT-Analyse an – siehe dazu die Vorlagen ab der Seite 54.

➤ Beantworten Sie die Frage: Welche Engpässe und kritischen Erfolgsfaktoren hindern Sie in ganz besonderem Maße daran, erfolgreich zu sein? Notieren Sie auch

Ihre Stärken, die Sie ausbauen können und müssen, um mehr Umsatz pro Quadratmeter zu erzielen.

➤ Erstellen Sie mithilfe des Analysematerials ein Engpass-Chart. Nutzen Sie dazu die Vorlage auf der Seite 58.

➤ Erstellen Sie einen Maßnahmenkatalog zur Auflösung des brennendsten Engpassfaktors – die Vorlage auf der Seite 61 unterstützt Sie dabei.

➤ Ist der engste Engpassfaktor aufgelöst, gibt es einen neuen Engpass, der nun das größte Hindernis auf dem Weg zum Erfolg darstellt. Lösen Sie ihn auf – das Ziel ist, nach und nach alle Engpassfaktoren zu beseitigen.

Erfolgsbaustein 3:
Strategische Wettbewerbsvorteile aufbauen

➤ Legen Sie Ihre Vision fest und leiten Sie daraus Ihren strategischen Leitsatz und Ihre Ziele ab.

➤ Entscheiden Sie, welche Strategie am besten dabei hilft, sich von der Konkurrenz abzuheben und in der Wahrnehmung der Kunden den Status der Einzigartigkeit aufzubauen.

➤ Verwirklichen Sie das Highlander-Konzept, indem Sie zum Beispiel folgende Umsetzungsmaßnahmen ergreifen:

- Klären Sie Ihre Rolle als Gastgeber, gestalten Sie die Filiale als zielgruppenbezogene Wohlfühlzone.

- Emotionalisieren Sie wo immer möglich den Kundenkontakt und die Kundenkommunikationskanäle.

- Sprechen Sie Ihre Kunden auf möglichst vielen Sinneskanälen an.

- Entwickeln und verwirklichen Sie ein strategieorientiertes Personalentwicklungskonzept. Sie brauchen Menschen, die über Kompetenzen verfügen, die dazu beitragen, Ihre Ziele zu realisieren.

Schritt 5 – Umsetzung

- Verwirklichen Sie in Ihrem Filialnetz und in den einzelnen Filialen das Konzept „Von den Besten lernen".

Erfolgsbaustein 4:
Führungskompetenz aufbauen – Selbstmanagement

➤ Beschreiben Sie Ihr Persönlichkeitsprofil. Sprechen Sie dazu mit Menschen Ihres Vertrauens. Setzen Sie dabei ggf. eine Persönlichkeitstypologie ein.

➤ Arbeiten Sie an Ihren Stärken, um sie zielgerichtet einsetzen zu können.

➤ Mildern Sie Ihre Schwächen auf ein für Ihr Umfeld erträgliches Maß ab.

Erfolgsbaustein 5:
Führungskompetenz aufbauen – Mitarbeiterführung

➤ Überprüfen Sie, welche der zehn Führungsprinzipien von Ihnen bereits gelebt und verwirklicht werden. Welche der Prinzipien wollen Sie in Zukunft anwenden? Was müssen Sie dafür tun?

- Führungsprinzip 1: Stellen Sie den Menschen in den Mittelpunkt der Führungsarbeit.

- Führungsprinzip 2: Führen und motivieren Sie die Mitarbeiter individuell.

- Führungsprinzip 3: Führen Sie situativ und flexibel.

- Führungsprinzip 4: Fördern und fordern Sie die Mitarbeiter.

- Führungsprinzip 5: Beachten Sie das Führungsdreieck „Können – Wollen – Dürfen"

- Führungsprinzip 6: Geben Sie konstruktives und förderliches Feedback.

- Führungsprinzip 7: Delegieren Sie mit der AKV-Regel.

- Führungsprinzip 8: Verhindern Sie Demotivation.

- Führungsprinzip 9: Stellen Sie leistungsfähige Teams mit Mitarbeitern zusammen, deren Persönlichkeitsprofile und Kompetenzen sich ergänzen.

- Führungsprinzip 10: Verbessern Sie Mitarbeiterleistungen mit dem DRILL-System.

Erfolgsbaustein 6:
Den Kundenkontakt emotionalisieren

➤ Analysieren Sie den emotionalen Mehrwert Ihrer Filiale.

➤ Legen Sie Maßnahmen fest, um in Zukunft emotional gefärbte Beziehungen zum Kunden aufzubauen, zum Beispiel:

- Storytelling einsetzen und Erfahrungsvertrauen aufbauen

- Kundengespräche grundsätzlich auf Augenhöhe führen, den Kunden ernst nehmen, den „Sie-Standpunkt" einnehmen und abschlussorientiert ins Gespräch gehen

- Im Kundengespräch positive Gefühle aufbauen und negative Gefühle vermeiden

➤ Ergreifen Sie Weiterbildungs- und Entwicklungsaktivitäten, um Ihre Verkäufer zum emotionalen Verkaufen zu befähigen.

Erfolgsbaustein 7:
Kundentypgerechte Beratungs- und Verkaufsgespräche führen

➤ Legen Sie für jede der acht Phasen des Verkaufsgesprächs fest, wie Ihre Verkäufer und Sie den Kundenkontakt professionalisieren und der Gastgeberrolle gerecht werden können. Verwenden Sie dazu die Checkliste auf S. 144.

Schritt 5 – Umsetzung

➤ Entwickeln Sie auf diese Weise einen Gesprächsleitfaden, der auch die verschiedenen Kundentypen berücksichtigt. Dabei hilft Ihnen die Checkliste auf der Seite 173.

Wissen allein reicht nicht aus, man muss es auch anwenden und in der Praxis ein- und umsetzen. Johann Wolfgang von Goethe hat in seinem Roman „Wilhelm Meisters Wanderjahre" geschrieben: „Es ist nicht genug, zu wissen, man muss auch anwenden; es ist nicht genug, zu wollen, man muss auch tun."

Der Autor

Jochen Hinkel (Jahrgang 1967) ist Branchenfachtrainer und Berater im Fashion Retail/ Textilwirtschaft. Ziel seines Beratungs- und Trainingsansatzes ist es, die Leistung der Verkaufsfläche zu steigern.

Aufgrund seiner Berufserfahrung ist er durch und durch Einzelhändler mit breit angelegtem Know-how in Einkauf, Vertrieb, strategischer Planung und Controlling. Sein Alleinstellungsmerkmal ist die Praxiserfahrung. Sein Motto: „Das Problem steckt immer im Detail der praktischen Umsetzung und den Widerständen der Menschen, die Veränderungen durchführen sollen – und viel weniger im theoretischen, wissenschaftlichen Know-how. Die Theorie ist oft perfekt, das Papier geduldig und die Umsetzung mäßig. Warum? Weil das theoretisch Mögliche und nicht das praktisch Machbare angestrebt wird."

Jochen Hinkel ist Kooperationspartner der international aufgestellten renommierten go! Akademie für Führung und Vertrieb AG und zertifizierter Trainer. Außerdem ist er als Lehrbeauftragter an der AMD Akademie Mode & Design, staatlich anerkannte Hochschule, in Düsseldorf tätig.

Hineingeboren in das gehobene DOB-Fachgeschäft seiner Eltern, ist Jochen Hinkel von Kindesbeinen an mit dem Modeeinzelhandel aufgewachsen. Nach dem BWL-Studium hat er zunächst bei PWC in der Wirtschaftsprüfung und Unternehmensberatung gearbeitet. Danach ist er seinem Herzen gefolgt und wieder in den Modeeinzelhandel zurückgekehrt.

Nach erfolgreicher Tätigkeit als Einkäufer bei Peek & Cloppenburg, Düsseldorf stand die Industrie auf dem Programm. Nach seiner Arbeit als Produktmanager bei Marc O'Polo hat Jochen Hinkel die Leidenschaft für das Produkt gegen eine Vertriebskarriere eingetauscht: Nach dem Wechsel zu Ulla Popken hat er dort im Stationärhandel als Länderleiter den deutschen Markt verantwortet und die Rolle als Gastgeber des Kunden übernommen. In dieser Zeit hat der begeisterte Modefachmann sich auch zum Inhouse-Trainer ausbilden lassen und die Vertriebsmannschaft länderübergreifend geschult.

Als Branchenfachtrainer und -berater im Fashion Retail/Textilwirtschaft hat er unter anderem Kunden wie Charles Vögele Trading AG, Pfäffikon (Schweiz), Henschel & Ropertz Darmstadt GmbH, Peek & Cloppenburg KG Düsseldorf und brands4friends – Private Sale GmbH Berlin betreut.

Jochen Hinkel stimmt seine Beratungs- und Trainingsinhalte individuell auf den Bedarf seiner Kunden ab, damit sie den größten Nutzen mit passgenauem Aufwand erhalten – also mehr Umsatz pro Quadratmeter.

Kontakt:
Jochen Hinkel
Consulting & Training
Für mehr Umsatz pro Quadratmeter
Tel.: +49 (0) 21 54 / 8 14 52 70
E-Mail: jochen-hinkel@t-online.de
www.jochenhinkel.com

Literaturverzeichnis

Altmann, Hans Christian: Kunden kaufen nur von Siegern. Wie Sie als Verkäufer unwiderstehliche Ausstrahlungskraft erreichen, Kunden begeistern und Ihren Umsatz explodieren lassen. Redline Wirtschaftsverlag, Heidelberg, 4. Auflage 2001

Bänsch, Axel: Verkaufspsychologie und Verkaufstechnik. Oldenbourg Verlag, München, 8. Auflage 2006

Blanchard, Kenneth; Lorber, Robert: Die Praxis des 01-Minuten-Managers. Redline Wirtschaftsverlag, Heidelberg 2007

Blanchard, Kenneth; Johnson, Spencer: Der Minuten Manager. Rowohlt Verlag, Reinbek, 14. Auflage 2002

Blanchard, Kenneth; Zigarmi, Patricia; Zigarmi, Drea: Führungsstile. Rowohlt Verlag, Reinbek, 8. Auflage 2002

Buhr, Andreas: Vertrieb geht heute anders. Wie Sie den Kunden 3.0 begeistern. Gabal Verlag, Offenbach, 3. Auflage 2012

Buhr, Andreas: Vermittler trifft Kunde. Strategien für ein typgerechtes Verkaufsgespräch. LexisNexis Deutschland GmbH, Münster/Westfalen 2010

Buhr, Andreas: Machen statt meckern! Mit ©lean leadership zu mehr Erfolg in wirtschaftlich schwieriger Zeit. go! LiveVerlag, Düsseldorf 2009

Buhr, Andreas: Coaching im Spiegel (Selbstcoaching). In: TeleTalk 01/2007, S. 24

Buhr, Andreas: Die Umsatz-Maschine. Wie Sie mit Vertriebsintelligenz® Umsätze steigern. Gabal Verlag, Offenbach, 2. Auflage 2006

Literaturverzeichnis

Der Markt der Luxusgüter. Daten, Fakten, Trends zu Mode, Accessoires, Uhren, Düften. Focus-Marktanalyse, München, August 2009

Friedrich, Kerstin: Erfolgreich durch Spezialisierung. Redline Wirtschaftsverlag, München, 2., aktualisierte und überarbeitete Auflage 2007

Gierke, Christiane; Nölke, Stephan Vincent: Das 1 x 1 des multisensorischen Marketings. Marketing mit allen Sinnen. Edition comevis, Köln 2011

Gierke, Christiane: Das ist je'ne Marke! Bekannter, beliebter und erfolgreicher mit Persönlichkeitsmarketing®. Gabal Verlag, Offenbach 2010

Häusel, Hans-Georg: Brain View. Warum Kunden kaufen. Haufe-Lexware Verlag, Freiburg, 2. Auflage 2009

Häusel, Hans-Georg: Emotional Boosting – Die hohe Kunst der Kaufverführung. Haufe-Lexware Verlag, Freiburg 2009

Hans, Norbert: Aufbruch im Mittelstand. Mehr Marktanteile durch strategischen Weitblick. Gabler Verlag, Wiesbaden 2003

Johnson, Spencer; Wilson, Larry: Das Minuten Verkaufstalent. Rowohlt Verlag, Reinbek, 6. Auflage 2002

Leicher, Rolf: Verkaufen. Haufe-Lexware Verlag, Freiburg, 6. Auflage 2009

Porter, Michael E.: Wettbewerbsstrategie. Methoden zur Analyse von Branchen und Konkurrenten. Campus Verlag, Frankfurt/Main, New York, 11. Auflage 2008

Scheelen, Frank M.; Bigby, David G.: Kompetenzorientierte Unternehmensentwicklung. Erfolgreiche Personalentwicklung mit Kompetenzdiagnostik. Haufe-Lexware Verlag, Freiburg 2011

Scheelen, Frank, M.: Menschenkenntnis auf einen Blick. Sich selbst und andere besser verstehen. Moderne Verlagsgesellschaft, München, 6. Auflage 2009

Schmitz, Karl Werner: berühren – begreifen – kaufen. Haptisches Verkaufen in der Vertriebspraxis. mi-Wirtschaftsbuch, München, 2., aktualisierte Auflage 2010

Seßler, Helmut: Limbic® Sales. Spitzenverkäufe durch Emotionen. Haufe-Lexware Verlag, Freiburg 2011

Siegert, Werner: Ohne Ziele keine Treffer. Ziele – Wegweiser zum Erfolg. Wolnzach, Kastner Verlag, 3. Auflage 2006. Zitiert wird nach der Erstauflage, die 1995 unter dem Titel „Ziele – Wegweiser zum Erfolg" im VBU Verlag (Bonn) erschienen ist.

Skazel, Rainer: Erfolgsfaktoren von Spitzenverkäufern. So gewinnen Sie schlagkräftige Vertriebsteams. Scheelen® Bildungsverlag, Waldshut-Tiengen 2012

Stempfle, Lothar: Das Highlander-Konzept: „Es kann nur einen geben!" Stammkundenmanagement als Führungsaufgabe. In: salesbusiness 11/2009, S. 42–43

Stempfle, Lothar: Erfolgreich zuhören. In: TeleTalk 01/2008, S. 50–51

TextilWirtschaft. News, Fashion, Business (Fachzeitschrift). Ausgaben 53/2009 und 17/2010. Deutscher Fachverlag GmbH, Frankfurt am Main

Weismantel, Denitza: Shops, Concessions und Stores: Die Flächenexpansion der Fashion Brands. http://retail-intrapreneur.com/2012/05/20/shops-concessions-und-stores/

Stichwortverzeichnis

A

Abschluss 166
Abschlussorientierung 143
AIDA-Formel 146
Anprobe 161
AUAA 164

B

Bedarfsermittlung 152
Bedarfsermittlungsstrategie 73
Begrüßung 145
Benchmark-System 21, 88

D

Delegation 122
Delegationsgespräch 123
Demotivation verhindern 123
Differenzierung 63
Differenzierungsstrategien 71
DRILL-System 125

E

Einladung 169
Einwände 162
Einzigartigkeit 18
Emotionalisierung des Kundenkontakts 77
Emotionen 77
Emotionssystem 78
Engpassanalyse 56
Engpass-Chart 58

Engpassfaktor 35
Engpasskonzentrierte Strategie [EKS] 56

F

Farbtyp, blauer: der gewissenhafte Beobachter 103
Farbtyp, gelber: der initiative Inspirator 100
Farbtyp, grüner: der stetige Unterstützer 102
Farbtyp, roter: der dominante Direktor 100
Farb- und Grundtypen 99
Feedback 120
Filialaufbau 90
Filialbesuchs-Checkliste 39, 42
Filialrealität 35
Filialsteuerung 34
Flächenexpansion 22, 23
Flächenproduktivität 28
Fragetechniken 155
Führungssituationen 115
Führungsstil 116

G

Gang zur Kasse 167
Gastgeberrolle 144
Gefühle 131, 137
Gesprächseinstieg 148
Gesprächsleitfaden 173

H

Handlungsdreieck „Können – Wollen – Dürfen" 118
Highlander-Konzept 74

I

Informationssystem 90
Insights MDI®-Modell 98
Internet-Konkurrenz 82

K

Kassiervorgang 168
Kaufsignale erkennen 166
Kaufverweigerung 26
Kommunikations- und Informationswege 89
Kompetenz-Check 84, 87
Kompetenz, emotionale 129
Konsumorientierung 26
Kritik, produktive 121
Kundenbegeisterung 134
Kundenkontakt emotionalisieren 77
Kunden-Nein 157
Kunden, schwierige 170
Kundentyp erkennen 150

L

Leitsatz, strategischer 68
Loben 120

M

Managementansatz, strategischer 34
Marktanteil 30
Mehrwert, emotionale 130
Mitarbeiterbild, positives 111
Mitarbeiter fördern und fordern 117
Mitarbeiterführung 112, 113
Mitarbeiterführung (Prinzipien) 110
Mitarbeiterkompetenzen 83
Motivation 122, 124

N

Nischenstrategie 71
Nutzenargumentation 156

P

Persönlichkeitsdiagnostiktools 99
Persönlichkeitsprofil 98
Preisdiskussion 159
Primär-Spezialisierung 71
Problem-Spezialisierung 72

Q

Qualität 16, 20

R

Reifegrad des Mitarbeiters 116
Reklamationsgespräch 171
Rolle als Gastgeber 75

S

Selbstanalyse 105
Selbstcoaching 108
Selbsterkenntnis 95
Selbstmanagementkräfte 108
Selbst- und Menschenkenntnis 98
Sie-Standpunkt 137
Sinneskanäle 80
Situationsanalyse 48
Stärken- und Talentmanagement 107
Storytelling 132
Strategie 65
Strategieart 71
Strategie, erlebnisorientierte 72
Strategie, kundenbindungsorientierte 72
Strategie, serviceorientierte 72
SWOT-Analyse 52

T

Teamzusammenstellung 124
To-do-Liste 60

U

Umsatzpotenzial 30
Umsetzungsplan 175
Unternehmens-Vision 66

V

Verabschiedung 169
Verhaltensbereich 85
Verhaltensberuf 85
Verhaltensstil 148
Verkäufer als Gastgeber 141
Verkaufsgespräch 145
Verkaufsgespräch,
    kundentypgerechtes 140
Vertrauen 133

Vorwände 162

W

Warenvorlage 157
„Warum", emotionales 117
Wettbewerbsvorteil 68
Wettbewerbsvorteile, strategische 63
Wohlfühlfiliale 142
Wohlfühlzone 75

Z

Zielgruppen-Spezialisierung 72
Zuhören, aktives 153
Zuhören, aufnehmend 153
Zusatzverkauf 165